本書で紹介する攻略パターンが 令和5年1〜6月実施分の本試験問題でも ズバリ的中!! しました

コンデックス情報研究所では、長年の過去問題の分析結果にもとづき『スピード合格! 第2種衛生管理者パターン別攻略法』を作成しております。その結果、令和5年1〜6月実施分の本試験問題においても、以下のように『'23年版』で紹介した攻略法で解ける問題が多数出題されました。

'23年版p.86 「労働衛生 〔　　〕 1つ！ 温熱環境を　　

 ゴロ合わせ

音感がよく
（温熱環境、4つの要素）

気質の熱い、流れ者
（気温、湿度、放射熱（ふく射熱）、気流）

> 正解肢に直撃！

令和5年1〜6月本試験問題　問11

温熱条件に関する次の記述のうち、誤っているものはどれか。

(1) 温度感覚を左右する環境条件は、気温、湿度及びふく射（放射）熱の三つの要素で決まる。◀

「誤っているもの」を選ぶ問題で、正解肢を直撃だ。この他にも本書で解ける問題が多数だ！

上記のほかにも的中問題続出!!

令和5年1〜6月実施分 問6	ズバリ的中!!	攻略パターン 5
令和5年1〜6月実施分 問19		攻略パターン16
令和5年1〜6月実施分 問21		攻略パターン25

他多数

本書の特長と使い方

攻略パターン
出題から攻略すべきパターンを分析しました。

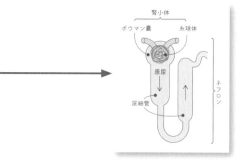

腎小体

ボウマン嚢　糸球体

原尿

尿細管

ネフロン

イラスト
わかりやすいイラストが理解を助けます。

■ Study ㉝　血液循環の簡略図

赤い矢印が肺循環
黒い矢印が体循環

肺

肺静脈（酸素が多い）

肺動脈

酸素が少ない

大静脈

全身の各組織

血液の流れは、全体
として一方回りである。

A　　B

C　　D

心臓

Study
出題パターンを解く上でのポイントのまとめです。

赤シート
付属の赤シートを使って重要ポイントなどを確認できます。

出題パターン
繰り返し出題されるパターン問題をピックアップしています。

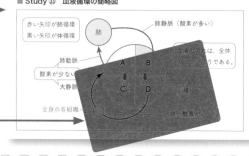

● 「心臓の拍動」の出題パターン

①心臓の中にある洞結節（洞房結節）で発生した刺激が、刺激伝導系を介して心筋に伝わることにより、心臓は規則正しく収縮と拡張を繰り返す。（令 3.7 〜 12 ほか）

②心臓の拍動は、自律神経の支配を受けている。（令 2.1 〜 6 ほか）

③心筋は人間の意思によって動かすことができない不随意筋であるが、随意筋である骨格筋と同じ横紋筋に分類される。（令 4.1 〜 6 ほか）

④動脈硬化とは、コレステロールの蓄積などにより、動脈壁が肥厚・硬化して弾力性を失った状態であり、進行すると血管の狭窄や閉塞

だけ！　心臓の拍動について！

※出題パターンは項目によって頻出度を S 〜 C でランク付けしています。S、A、B、C の順で頻出度が下がります。

本書は第2種衛生管理者試験合格のために必要な知識をパターンごとに分析し、わかりやすくまとめたテキスト＆一問一答問題集です。最新の公表問題である令和5年1〜6月実施分の分析結果も反映していますので安心して学習できます。

直近の改正点を明示！
直近の改正点は改正マークがついています。

図とゴロ合わせも豊富
学習を助けるために図とゴロ合わせも豊富にあります。

本書は原則として、2023年12月1日時点の法令に基づいて作成しています。

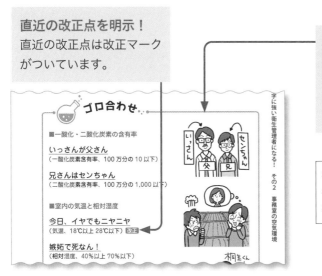

字に強い衛生管理者になる！　その2　事務室の空気環境

ゴロ合わせ
■一酸化・二酸化炭素の含有率
いっさんが父さん
（一酸化炭素含有率、100万分の10以下）

兄さんはセンちゃん
（二酸化炭素含有率、100万分の1,000以下）

■室内の気温と相対湿度
今日、イヤでもニヤニヤ 改正
（気温、18℃以上28℃以下）

嫉妬で死なん！
（相対湿度、40％以上70％以下）

桐生くん

一問一答問題
よく出る問題を一問一答形式にしました。赤シートで答を隠して効果的に学習しましょう。正解した問題は□にチェックを入れましょう。

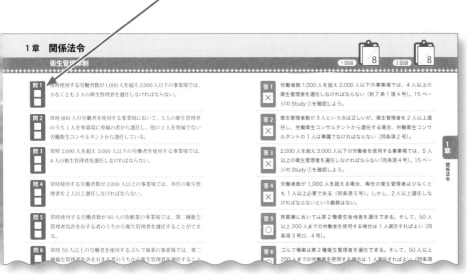

1章　関係法令
衛生管理体制

1回目　8　　2回目　8

問1 常時使用する労働者数が1,000人を超え2,000人以下の事業場では、少なくとも3人の衛生管理者を選任しなければならない。

問2 常時800人の労働者を使用する事業場において、3人の衛生管理者のうち1人を事業場に専属の者から選任し、他の2人を専属でない労働衛生コンサルタントから選任している。

問3 常時2,000人を超え3,000人以下の労働者を使用する事業場では、4人の衛生管理者を選任しなければならない。

問4 常時使用する労働者数が2,000人以上の事業場では、専任の衛生管理者を2人以上選任しなければならない。

問5 常時使用する労働者数が60人の旅館業の事業場では、第二種衛生管理者免許を有する者のうちから衛生管理者を選任することができる。

問6 常時50人以上の労働者を使用するゴルフ場の事業場では、第二種衛生管理者免許を有する者のうちから衛生管理者を選任すること

答1 ✕ 労働者数1,000人を超え2,000人以下の事業場では、4人以上の衛生管理者を選任しなければならない（則7条1項4号）。15ページのStudy①を確認しよう。

答2 ✕ 衛生管理者が3人という点は正しいが、衛生管理者を2人以上選任し、労働衛生コンサルタントから選任する場合、労働衛生コンサルタントの1人は専属でなければならない（同条項2号）。

答3 ✕ 2,000人を超え3,000人以下の労働者を使用する事業場では、5人以上の衛生管理者を選任しなければならない（同条項4号）。15ページのStudy①を確認しよう。

答4 ✕ 労働者数が1,000人を超える場合、専任の衛生管理者は少なくとも1人以上必要である（同条項5号）。しかし、2人以上選任しなければならないという義務はない。

答5 ○ 旅館業においては第2種衛生管理者を選任できる。そして、50人以上200人までの労働者を使用する場合は1人選任すればよい（同条項3号ロ、4号）。

答6 ○ ゴルフ場業は第2種衛生管理者を選任できる。そして、50人以上200人までの労働者を使用する場合は1人選任すればよい（同条項

1章　関係法令

3

CONTENTS

第2種衛生管理者試験　試験案内（例年）

　この情報は令和5年度のものであり、今後変更される場合があります。受験される方は、事前に必ずご自身で（公財）安全衛生技術試験協会（以下「協会」とする）又は各安全衛生技術センター（以下「センター」とする）の発表を確認してください。

1 試験日

　毎月1〜5回（各試験地によって実施回数が異なります）

2 受験申請書の入手方法

（1）受験申請書を直接窓口で入手する場合

　　協会本部、各センター又は各センターホームページ掲載の申請書頒布団体で無料配布されています（10ページ参照）。

（2）受験申請書を郵送で入手する場合

　　協会本部又は受験を希望する各センター宛に以下のものを同封して申し込みます。

　　①衛生管理者免許試験を受験する旨と受験申請書の必要部数を明記したメモ。

　　②受験申請書の部数に合わせて、以下のように切手を貼付した宛先明記の返信用封筒（角型2号34cm × 24cm）。

受験申請書の部数	切手
1部	210円
2部	250円
3〜4部	390円
5〜9部	580円

3 受験申請書の受付期間（受験の申込期間）

（1）受験申請書を直接窓口まで提出する場合

　　第1受験希望日の2か月前から、各センターの休業日を除く2日前までとなります。ただし、各センターの定員に達したときは、第2希望日になります。

　　なお、各センターの休業日は、土曜日、日曜日、国民の祝日・休日、年末年始（12月29日〜1月3日）、設立記念日（5月1日）となります。

（2）受験申請書を郵送（簡易書留）で提出する場合

　　第1受験希望日の2か月前〜2週間（14日）前の消印有効です。

　　ただし、各センターにおいて定員に達したときは、第2希望日になります。

4 受験申請書の提出先

受験を希望する各センターに提出します。

5 受験手数料

8,800円。

この受験手数料は例年のものですので、必ず受験する前に各自ご確認ください。

6 受験資格

衛生管理者の受験にあたっては、学歴とそれに応じた労働衛生の実務経験が必要となります。詳しくは各センターにご確認ください。

7 試験科目

試験科目は、以下のとおりです（○が試験科目）。

試験科目（範囲）	問題数	1問 配点計	一般の 受験者	科目 免除者[1]
関係法令（有害業務に係るもの以外のもの）	10 問	10 点 100 点	○	○
労働衛生（有害業務に係るもの以外のもの）	10 問	10 点 100 点	○	○
労働生理	10 問	10 点 100 点	○	

※1　科目免除者とは、船員法による衛生管理者適任証書の交付を受けた者で、その後1年以上労働衛生の実務に従事した経験を有する場合に該当する。

試験問題は、協会より、半年ごとにその期間内に実施された1回分が公表されます。その半年間、同じ問題が繰り返し出題されているわけではありません。

■本試験問題の正答について■

平成25年7月〜12月実施分以前の第2種衛生管理者の試験問題の正答は、協会より発表されていません。よって、平成25年7月〜12月実施分以前の試験問題の正答は、本書独自の見解に基づくものとなります。

8　出題形式

すべて5肢択一式のマークシート方式です。

9　試験時間

3時間（13：30 ～ 16：30）

ただし、科目免除者は「労働生理」の科目が免除され、試験時間は2時間15分（13：30 ～ 15：45）となります。

10　合格基準

科目ごとの得点が配点の40％以上であり、**かつ、全科目の合計点が満点の60％以上**の得点であることが必要となります。なお、全科目受験者の点数は300点満点です。

> 全体で60％以上の得点だけではなく、**科目ごとに40％以上の得点が必要**となる。
> どこかの科目に偏った学習では合格できないぞ。

11　合格発表

試験合格者には「免許試験結果通知書」が送付されます。

各センターHPでも合格者受験番号が掲載されます。

12　合格率と年間受験者数

例年、だいたい50％くらいの合格率であり、令和4年度では年間での受験者数が3万5千人を超えています。

13 試験についての問い合わせ先

公益財団法人　安全衛生技術試験協会	北海道安全衛生技術センター
〒101-0065 東京都千代田区西神田 3-8-1 千代田ファーストビル東館 9 階 TEL：03-5275-1088 https://www.exam.or.jp/	〒061-1407 北海道恵庭市黄金北 3-13 TEL：0123-34-1171 https://www.hokkai.exam.or.jp/
東北安全衛生技術センター	関東安全衛生技術センター
〒989-2427 宮城県岩沼市里の杜 1-1-15 TEL：0223-23-3181 https://www.tohoku.exam.or.jp/	〒290-0011 千葉県市原市能満 2089 TEL：0436-75-1141 https://www.kanto.exam.or.jp/
中部安全衛生技術センター	近畿安全衛生技術センター
〒477-0032 愛知県東海市加木屋町丑寅海戸 51-5 TEL：0562-33-1161 https://www.chubu.exam.or.jp/	〒675-0007 兵庫県加古川市神野町西之山字迎野 TEL：079-438-8481 https://www.kinki.exam.or.jp/
中国四国安全衛生技術センター	九州安全衛生技術センター
〒721-0955 広島県福山市新涯町 2-29-36 TEL：084-954-4661 https://www.chushi.exam.or.jp/	〒839-0809 福岡県久留米市東合川 5-9-3 TEL：0942-43-3381 https://www.kyushu.exam.or.jp/

Part 1
関係法令のパターン攻略

衛生管理者の選任は、5つのパターンしかない！

第2種衛生管理者試験の過去10年間で出題された主要なテーマの選択肢を調べてみると、同じような問題が繰り返し出題されていることがわかる。合格の早道はこの攻略だ。

出題パターンの攻略が合格への早道！

　本書は**第2種衛生管理者試験のオリジナルの攻略パターン**の紹介と、過去問をベースとした**重要な一問一答問題を掲載**し、**合格への最短本**としてまとめたものである。

　これから紹介していく本書の「**出題・攻略パターン**」は、おおよそ**過去10年間で出題された問題を分析し、重点をまとめたもの**であり、これを押さえることは効率的な学習方法である。

　衛生管理者試験では、**過去に出題された問題と同じ（ような）問題が繰り返し出題**される。本書はその繰り返される出題・攻略パターンを紹介するものだが、この先の解説には、必要に応じて、**過去に出題された問題**について「**頻出度**」「**問題数**」「**占有率**」を表示しているので、力を入れて学習する重要度の目安としてほしい。ここでは毎回冒頭のほうで出題される「衛生管理体制」のうち、衛生管理者の選任数の話をしよう。

> 本書では、関係法令・労働衛生・労働生理の3分野の中心となるテーマを取り上げている。つまり、出題されたすべてのテーマを網羅しているわけではない。また、問題によっては重複するものもある。

関係法令　衛生管理体制の出題パターン

攻略1　衛生管理者の選任は、5つのパターンしかない！

●得点源の3者を攻略しよう！

　過去10年間の「衛生管理体制」の問題を見ると、**毎回1～2問の出題**となっている。そして、「衛生管理体制」の中の超頻出テーマと言えば、**「衛生管理者」「総括安全衛生管理者」「産業医」**の3者なので、これから得点源となるこの3者を中心に解説していこう。まずは、必ず出題される**「衛生管理者の選任」**についてだ。なお、「衛生管理体制」では過去10年間の全問題数103問をベースにまとめている。

　最初に衛生管理者試験では、いかに同一内容の問題が繰り返されているかを理解してもらおう。

●「衛生管理体制」の出題パターンは5項目

　下表は、「衛生管理体制」に関して過去10年間にどのような内容が出題されたかを「項目」別にまとめたものだ。

■衛生管理体制の出題パターン

	出題パターンの内容	件・問題数
1	労働者数に対する衛生管理者選任数	9件 － 35問
2－1	特定業種に対する第2種衛生管理者選任の可否	13件 － 18問
2－2	2－1以外の業種での選任内容	8件 － 25問
3	総括安全衛生管理者、産業医に関する内容	8件 － 16問
4	選任期限と報告義務等に関する内容	3件 － 9問
	合計	**41件 － 103問**
※	これらに含む「深夜業を含む業務」の選任内容	(4件 － 8問)

　この表を見れば出題数は多くとも**「出題パターンが少ない」**ということがわかろう。言いかえれば、**いかに同一内容の出題が多い**のかがわかる。

　つまり、**これらの出題パターンを押さえておけば、本試験で得点できる可能性が高い**のだ！

13

前ページの表について説明すると、**1**の「労働者数に対する衛生管理者選任数」の場合、過去10年間で**表現を変えただけの問題が9件**、また、**繰り返された全く同じ問題の合計が35問**あったことを示している。

　なお、この繰り返された同じ問題のうち、最も多く出題された選択肢は「**常時1,000人を超え2,000人以下の労働者を使用する事業場では、4人以上の衛生管理者を選任しなければならない。**」という内容の**正しい選択肢**であった。これは**7回も出題**されている。

　その次が**5回出題**された「**常時使用する労働者数が2,000人以上の事業場では、専任の衛生管理者を2人以上選任しなければならない。**」という**誤りの選択肢**だ。これらの解説については、16ページ以降を見てほしい。

　要するに、**これだけ同じ（ような）問題が繰り返し出題**されているのだ！では、ここからが本番であり、要点を確認していこう！

> 誤りを選択する問題で、上記の「常時2,000人以上の事業場では、専任の衛生管理者は2人以上」という選択肢があれば、それが「誤り」と即答できる。

労働者数に対する衛生管理者の選任数

頻出度	S	問題数	35問	占有率	34%

　前ページの表中**1**の**「労働者数に対する衛生管理者選任数」**については、次ページの「**Study①**」を覚えれば怖くはない。上の「占有率」はこのテーマの「衛生管理体制」の問題数に対する割合である。3割以上の出題がある以上、この出題パターンを覚えてしまえば正答率もグッと上がる。

　ここからは、**基礎知識（Study）として覚えるポイント**と、**出題パターンを紹介**していくので、まずは Study の内容をしっかり押さえよう。

さて、事業者には、**業種を問わず50人以上の事業場で衛生管理者の選任義務があり、労働者数により、その選任数は異なる**（安衛法12条、安衛則7条、安衛令4条）。

そこで、「**労働者数に対する衛生管理者選任数**」を理解するためには、以下の労働者数に対する衛生管理者の選任数のまとめを丸暗記してしまおう。

■ Study ①　労働者数に対する衛生管理者選任数など

労働者数	選任数	専任	労働衛生コンサルタントの専属
50人〜200人	1人以上	不要	衛生管理者を労働衛生コンサルタントから選任する場合は必要
201人〜500人	2人以上	不要	**2人以上の衛生管理者のうち1人だけは専属でない労働衛生コンサルタントから選任できる**
501人〜1,000人	3人以上	不要	
1,001人〜2,000人	4人以上	1人	
2,001人〜3,000人	5人以上	1人	
3,001人以上	6人以上	1人	

上の表は、選任に関する情報を詰め込んだものだ。**これを覚えてしまえば「労働者数に対する衛生管理者選任数」の問題は100%正誤の判断ができる！**　本当にそうなのか、これから問題を見ていこう。その前に**「専任」**の衛生管理者の要否に関するゴロ合わせも紹介しておく。

ゴロ合わせ

<u>仙一</u>には、<u>1人の仙人が必要！</u>
（1,001人から、専任が1人必要）

合コンで、**2人選べば、**
（労働衛生コンサルタントは、
衛生管理者を2人以上選任する場合）

<u>1人だけ内線！</u>
（1人だけは専属でなくてもよい）

● 「労働者数に対する衛生管理者の選任数」の出題パターン

①常時 1,000 人を超え 2,000 人以下の労働者を使用する事業場では、**4 人以上の衛生管理者を選任**しなければならない。（令 4.1 〜 6）

②常時使用する労働者数が 2,000 人以上の事業場では、**専任の衛生管理者を 2 人以上選任しなければ**ならない。（令 2.7 〜 12）

③常時使用する労働者数が 3,000 人を超える事業場では、**6 人の衛生管理者のうち 2 人**まで、事業場に**専属でない労働衛生コンサルタント**のうちから選任することができる。（令 2.7 〜 12）

④常時使用する労働者数が 1,000 人を超え 2,000 人以下の事業場では、少なくとも **3 人の衛生管理者を選任**しなければならない。（令 2.7 〜 12）

⑤ **2 人以上の衛生管理者を選任**する場合、そのうち **1 人**についてはその事業場に**専属でない労働衛生コンサルタント**のうちから選任することができる。（令 4.1 〜 6）

※問題中、「平成 31 年 1 月〜令和元年 6 月」の実施分については「令元.1 〜 6」と表記する。また、問題中にある「常時使用する」という語句について、解説では省略する。

　以上の **5 問**が「労働者数に対する衛生管理者選任数」の出題パターンであり、**ほぼこの 5 問に尽きる**と言えよう。では、各問題を見ていこう。

パターン①	正誤	出現数
	○	35 回中 7 回

　パターン①は「1,000 人を超え（1,001 人〜）2,000 人以下」の労働者を使用する場合である。「Study ①」の表を見れば、**選任すべき衛生管理者は 4 人以上となり、正しい**ことがすぐにわかろう。

　ついでに先に確認してしまうが、**パターン④（出現数 6 回）の 3 人**という部分が**誤っている**こともすぐわかるはずだ。

なお、パターン①は、令和元年以降出ていなかったが、心配には及ばない。過去7回も出題され、令和3年で復活した強力4番バッターなのだ。パターン④はその代打というところである。

パターン①の「4人は正しい」を、またもやゴロ合わせにしてみた！

仙一からニセの4人のスタッフ！
（1,001人から2,000人は4人の選任）

間違いない！
（正しい）

パターン②	正誤	出現数
	×	35回中5回

　パターン②は「2,000人以上で2人以上の専任の衛生管理者を選任しなければ」というものだ。「仙一には、1人の仙人が必要！（1,001人から、専任が1人必要）」だ。

　1,001人からは1人の専任の衛生管理者が必要だが、2人以上の専任の衛生管理者を選任する必要は必ずしもない。この問題は誤りなのだ。

専任の衛生管理者が2人以上いても問題はない。でも、1人でもよいのに、2人を専任「しなければ」としているのが誤っているのである。

パターン③	正誤	出現数
	×	35回中6回

　パターン③についても、「Study①」の表を頭に入れておけば難しい問題ではない。まず「3,000人を超える」事業場において**衛生管理者が6人**、という点は誤ってはいない。

ここは「サイは6匹（3,001人以上は6人）」というゴロ合わせで覚えてしまってもよい。

　ただし、本問では「**専属でない労働衛生コンサルタント**」から**2人**まで**衛生管理者を選任できるか**…という点が問われている。ここで15ページで紹介したゴロの出番だ。

　「合**コン**で、**2人選べ**ば、（労働衛生コンサルタントは、衛生管理者を2人以上選任する場合）　1人だけ内線！（1人だけは専属でなくてもよい）」

　つまり、**2人以上選任する場合**で、選任した**衛生管理者**の中に**労働衛生コンサルタントがいる**とき、1人だけは**専属でなくともよい**ということだ。結論として、この設問は**誤り**となる。

最初の項目なので、出題パターンの解説についてデータとともに詳しく解説している。以降は基本的にデータは省略するぞ。

　ちなみに、労働衛生コンサルタントは、事業場の衛生の診断や指導等を行う者で、第2種衛生管理者が担当できない有害業務なども担当できる。**労働衛生コンサルタント**については、「**専属でない者は1人だけ**」という点だけ覚えておけばよい。では、最後の出題パターン⑤に移ろう。

パターン⑤	正誤	出現数
	○	35回中3回

　最後の**パターン⑤**については、説明が不要であろう。

　前ページで解説したとおり、衛生管理者を2人以上選任する場合なので、「**1人だけ内線！**」だから、**正しい内容**となる。

　「**労働衛生コンサルタント**」が登場する問題では、「**専属でない者は1人まで**」と覚えておけば、**その他はすべて「誤り（×）」と判断できる**のだ。

　以上、繰り返し出題される出題パターン①～⑤を見てきたが、皆さんにはポイントをつかんでもらえたと思う。衛生管理者の選任も「もう怖くはない」と自信が持てたのではないだろうか。

直前に再チェック！

①常時 **1,000人を超え2,000人以下**の労働者を使用する事業場では…

➡ **4人以上**の衛生管理者を選任！

②常時 **1,000人を超える**労働者を使用する事業場において、**専任の衛生管理者**は…

➡ **1人**でよい！

③**2人以上衛生管理者を選任する場合**で、**労働衛生コンサルタントから選任**するとき、その労働衛生コンサルタントは…

➡ **1人だけ専属でなくてよい！**

「業種」による選任の可否も出題パターン！

　第2種衛生管理者の選任については、事業所で常時使用する労働者数によって異なってくる話をした。ここは**業種によって選任の可否に違いがある**話だ。ちなみに、第2種衛生管理者が担当できない業種（選任不可）と担当できる業種（選任可）については、安衛則7条1項3号イ・ロで定められている。この点についての出題実績は以下のものだ。

■第2種衛生管理者の「業種による選任可否」

頻出度	S	問題数	40問	占有率	42%

　「衛生管理体制」全体の問題数は103問だが、攻略パターン①に関する出題数が35問であったのに対して、この**「業種による選任可否」の合計問題数は40問**だ。頻出度は当然Sであり、この**「業種による選任可否」のテーマは重要**であることを強調したい。では、第2種衛生管理者を**「選任不可の業種」と「選任可の業種」**に分けて説明していこう。

「第2種」が「選任不可」となる7業種は必須！

　まずは、**「選任不可の業種」**についての話だ。次ページの「Study ②」が

この辺をまとめた内容であり、上段が「不可」の業種、下段が「可」の業種である。

■ Study ②　「選任可否」に関する主な業種及び資格内訳

選任の可否	業種	担当できる者
不可	製造業、医療業、運送業、清掃業、熱供給業、自動車整備業、電気業※	①第1種衛生管理者、医師等 ②衛生工学衛生管理者 ③労働衛生コンサルタント
可	金融業、旅館業、警備業、各種商品小売業・卸売業、ゴルフ場業、情報通信業、保険業	第2種衛生管理者 上記の①②③の者

※令和2年7月～12月実施分で、はじめて電気業が出題された。

　選任が「可」となる業種は後述するとして、出題された**「不可」となる業種は、表の左上の7業種**である。そして、この7業種について担当できる者が、表の右上にある①②③だ。ともかく、**選任が「不可」となる問題の攻略**は、**上の赤字部分を覚えればよい。**

　なお、選任不可となる7業種のうち**1行目の4業種**が集中的に出題されている。そして、これらの業種について、第2種衛生管理者の選任はできないが、**第1種**衛生管理者、**医師**等、**衛生工学**衛生管理者、**労働衛生コンサルタント**は選任できるということだ。

　選任不可となる7業種のゴロ合わせは、以下のものである。

自動車整備で熱が出て、　そっと誠・意の
（自動車整備業、熱供給業）　（第2種衛生管理者は
　　　　　　　　　　　　　　　担当外、製造業、医療業）

運勢任せ、元気？
（運送業、清掃業、電気業）

😊 選任に関する問題では、まず「7業種」を探せ！

　実際の問題では「常時 50 人以上の労働者を使用する**医療業**の事業場では、**第二種衛生管理者免許を有する者のうちから衛生管理者を選任することができる。**」といった選択肢が出題される。**この選択肢は誤り**だ。

　もし、このような問題で選任する者が**第 1 種衛生管理者、医師等、衛生工学衛生管理者、労働衛生コンサルタント**等であれば、**正しい選択肢**となる。そして、第 2 種衛生管理者の選任不可となる出題パターンは、以下のものだ。

● 「第 2 種衛生管理者が選任不可」となる出題パターン

①常時 50 人以上の労働者を使用する**医療業**の事業場では、**第二種衛生管理者免許を有する者のうちから衛生管理者を選任することができる。**（平 27.7 ～ 12）

②常時 **200 人**の労働者を使用する**医療業**の事業場において、**衛生工学衛生管理者**免許を受けた者のうちから衛生管理者を **1 人選任**している。（令 4.7 ～ 12 ほか）

③常時 100 人の労働者を使用する**医療業**の事業場において、**第二種衛生管理者免許を有する者のうちから衛生管理者を 1 人選任**している。（平 26.1 ～ 6）

④常時 50 人以上の労働者を使用する**運送業**の事業場では、**第二種衛生管理者免許を受けた者のうちから衛生管理者を選任することができる。**（令 5.1 ～ 6 ほか）

⑤常時 300 人の労働者を使用する**清掃業**の事業場において、**第二種衛生管理者免許を有する者のうちから衛生管理者を 2 人選任**している。（平 28.7 ～ 12）

⑥常時 **500 人**の労働者を使用する**製造業**の事業場において、事業場に専属であって**労働衛生コンサルタント**の資格を有する者のうちから衛生管理者を **2 人選任**している。（平 30.1 ～ 6 ほか）

⑦常時 60 人の労働者を使用する**電気業**の事業場において、**第二種衛生管理者免許を有する者のうちから衛生管理者を1人選任**している。（令 4.7 ～ 12）

　衛生管理者の選任の問題が出てきたら、まずは 21 ページのゴロ合わせである「**自動車整備で熱が出て、そっと誠・意の運勢任せ、元気？**」を探してみよう。前ページからの出題パターンを見ると、**すべてのパターンにそれらの業種があり、②⑥**以外は「**第2種**」を選任とある。

　そうなると、すべて「**第2種**」の「**選任不可**」の業種である以上、②⑥**以外は第2種衛生管理者を選任している時点**で誤りと判断できるのだ。これ以上の労働者数や選任数についての確認の必要はない。

> 前提理解が必要なので解説を前後させたが、「**衛生管理体制**」の問題においては、**まず「第2種」が「選任不可」の業種を探す**のが効率的だ！

　残りの②⑥はどうなるか。②**では衛生工学衛生管理者、⑥では労働衛生コンサルタント**が選任されている。この点、21 ページの「**Study ②**」を確認すると、**第2種衛生管理者が選任できない業種では、衛生工学衛生管理者と労働衛生コンサルタントを選任**できる。

　そして、選任した**資格者の選択が正しい**場合、最後に**労働者数と選任数が正しいか**を確認することとなる。

　②**は、労働者の人数が「200 人」**となっているが、**15 ページの「Study ①」**から**1人**である。⑥**は、労働者の人数が「500 人」**だから、**選任数は2人**である。

　衛生管理者等の**選任に関する問題は、以上の解き方**となる。**解き方**をまとめると、次のようになる。

●衛生管理者等の選任に関する問題の解き方

①「第2種」衛生管理者を選任できない7業種を探す。

↓

「自動車整備で熱が出て、そっと誠・意の運勢任せ、元気？」
これらの業種で「第2種」衛生管理者を選任していたら、誤り！

↓

②上記7業種における「第1種」衛生管理者、「医師等」、「衛生工学衛生管理者」、「労働衛生コンサルタント」の選任は正しい。

↓

③事業場の労働者数から見て、資格者の選任数が正しいかを確認。

➡攻略パターン①の話である。

なお、過去問を分析してみると、上記①の**「第2種」衛生管理者を選任できない事業場**において、**「第2種」衛生管理者を選任している（＝誤り）選択肢は、非常によく出る。** しかも、**この選択肢が出てきた問題では、そもそも「誤り」を選ぶ問題であることが多い**ので、この点も意識しておけば、問題と選択肢を見た瞬間に解けるケースが多いぞ。

 直前に再チェック！

①「第2種」衛生管理者を選任できない7業種は…

  ➡「自動車整備で熱が出て、そっと誠・意の運勢任せ、元気？」

  ➡自動車整備業、熱供給業、製造業、医療業、運送業、清掃業、電気業

②上記7業種で選任できる資格者は…

  ➡「第1種」衛生管理者、「医師等」、「衛生工学衛生管理者」、「労働衛生コンサルタント」

「第2種」を「選任できる」業種がある選択肢は正しい！

前ページに続き「業種」に関する選任の話だ。第2種衛生管理者を選任できる業種が出てきた選択肢は、まず正しい選択肢となっている。

「第2種」を選任できる「業種」では、正しい選択肢ばかり！

20ページにおいて、第2種衛生管理者を選任できる業種とできない業種については、安衛則で定められていると述べたが、その規定では**第2種衛生管理者を選任できる業種**について「**その他の業種**」と規定している。つまり、**選任不可の業種以外**ということだ。具体的には、以下の業種について第2種衛生管理者を選任できる。

■「第2種」衛生管理者を選任できる主な業種

> 金融業、各種商品小売業（百貨店等）・卸売業（商社等）、旅館業、ゴルフ場業、警備業（事業・サービス業）、燃料小売業、保険業、広告業、接客娯楽業、情報通信業（報道・新聞・通信等）など

基本的には、**攻略パターン②の「選任不可」の7業種を覚えておいて、「それ以外」は選任できる**と理解しておいてよい。ただし、上記冒頭の「選任できる」6業種は頻出なので、覚えておけば処理は早い。

ゴロ合わせ

軽微なルーフを卸して小売り、タンと金儲けの旅
（警備業、ゴルフ場業、商品卸売・小売業、第2種担当、金融業、旅館業）

そして、「第2種」衛生管理者が**選任できる業種**が問題文で出てきた場合、その**大半が正しい選択肢**となっている。p.21 と同じものを一部強調して再び掲載するが、以下の「**Study ②**」の表の「可」における業種を見てほしい。

■ Study ②　「選任可否」に関する主な業種及び資格内訳

選任の可否	業種	担当できる者
不可	製造業、医療業、運送業、清掃業、熱供給業、自動車整備業、電気業※	①第1種衛生管理者、医師等 ②衛生工学衛生管理者 ③労働衛生コンサルタント
可	金融業、旅館業、警備業、各種商品小売業・卸売業、ゴルフ場業、情報通信業、保険業	第2種衛生管理者 上記の①②③の者

※令和2年7月～12月実施分で、はじめて電気業が出題された。

例えば、問題文で**金融業や旅館業**が出てきて、「**第2種」衛生管理者を選任**したという場合、**その選択肢は正しい**ことになる。仮にこれら業種において、「**第1種」衛生管理者や衛生工学衛生管理者を選任**していたとしても、やはり**正しい選択肢**となるのだ。

もちろん、選任数の部分で誤りとすることもできるが、そこまで複雑な選択肢は"ほぼ"出ていない。**業種と誰を選任しているか**という点にスポットを当てて作問していると思われる。

ともかく、**第2種衛生管理者を選任できる業種**が問題文で出てきた場合、**その選択肢は正しい可能性が非常に高い**。

ただし、令和3年1月～6月実施分～令和元年7月～12月実施分の問題では「**警備業**」について「**第2種」を選任「できない」（＝誤り）**という出題が3回あった。近年で誤りの選択肢はこれだけである。

では、**第2種衛生管理者が選任可**となる**業種**が出てくる出題パターンを確認してみよう。

● 「第２種」衛生管理者が「選任可」となる出題パターン

①常時 50 人以上の労働者を使用する**旅館業**の事業場では、**第二種**衛生管理者免許を有する者のうちから衛生管理者を**選任することができる。**（令 5.1 ～ 6 ほか）

②常時 50 人以上の労働者を使用する**ゴルフ場業**の事業場では、**第二種**衛生管理者免許を有する者のうちから衛生管理者を**選任することができる。**（令 5.1 ～ 6 ほか）

③常時 50 人以上の労働者を使用する**警備業**の事業場では、**第二種**衛生管理者免許を有する者のうちから衛生管理者を**選任することができない。**（令 3.1 ～ 6）

④常時 **300 人**の労働者を使用する**各種商品卸売業**の事業場において、**第一種**衛生管理者免許を有する者のうちから衛生管理者を **2 人選任**している。（平 30.1 ～ 6 ほか）

⑤常時 **600 人**の労働者を使用する**各種商品小売業**の事業場において、3 人の衛生管理者のうち **2 人**を事業場に専属で**第一種**衛生管理者免許を有する者のうちから選任し、**他の 1 人を事業場に専属でない労働衛生コンサルタント**から選任している。（令 4.7 ～ 12 ほか）

⑥常時 **1,200 人**の労働者を使用する**各種商品卸売業**の事業場において、**第二種**衛生管理者免許を有する者のうちから、衛生管理者を **4 人選任**し、そのうち **1 人を専任**の衛生管理者としているが、他の 3 人には他の業務を兼務させている。（令 4.7 ～ 12 ほか）

⑦常時 **40 人**の労働者を使用する**金融業**の事業場において、衛生管理者は選任していないが、**衛生推進者を 1 人選任**している。（平 30.1 ～ 6 ほか）

　パターン①は「旅館業」で「第２種」を選任できるかという問題だ。「**タンと金儲けの旅**」ということで、**選任できる**ので正しい。

　パターン②は「ゴルフ場業」で「第２種」を選任できるかという問題だが、「**軽微なルーフを卸して小売り**」ということで、**できる**ので正しい。

27

パターン③は「警備業」で「第2種」を選任できるかという問題だ。語尾が「選任できない」という形になっているのが注意だ。**「軽微なルーフを卸して小売り」**ということで、**選任できるので誤っている。**

ここまでは特定の業種について「第2種」を選任「できるか否か」という点で解答できる出題パターンであったが、以降は少し難度が上がる。

パターン④は**「各種商品卸売業」で「第1種」を「2人選任」**している。商品卸売業は第2種を選任できる業種であり、**第1種も選任できる。**

ということで、**「300人」**の事業場で**「2人選任」**という部分が正しいか否かにかかわるが、15ページの「Study①」の表から**201人〜500人の場合は2人の選任が必要**となるので、**正しい。**

パターン⑤は**「各種商品小売業」で「第1種」から「2人」、「専属でない労働衛生コンサルタント」から「1人」**選任している。各種商品小売業は第2種を選任できる業種であり、**第1種も、労働衛生コンサルタントも選任できる。**また、**「600人」**の事業場で合計3人選任している部分は、15ページの「Study①」の表から**501人〜1,000人の場合は3人の選任が必要**となるので、**正しい。**

さらに、**この場合（2人以上の衛生管理者を選任する場合）、1人だけは専属でない労働衛生コンサルタントを選任できる**ので、**最終的に正しい**選択肢となる。

やや難度が高いが、ここまで読んできた皆さんならば、判断できるはずだ！

パターン⑥では「各種商品卸売業」で「第2種」を「4人選任」している。各種商品卸売業は第2種を選任できる業種である。

そして、「1,200人」の事業場で4人選任している部分は、15ページの「Study①」の表から1,001人～2,000人の場合は4人の選任が必要となるので、正しい。

さらに、**そのうち1人を専属としている点**は、「仙一には、1人の仙人が必要！（1,001人から、専任が1人必要）」ということで、やはり正しいのだ。

最後のパターン⑦では「金融業」で「衛生推進者」を「1人選任」している。 ここで「衛生推進者」という新しい資格者が出てきた。**「衛生推進者」**とは、衛生管理者と同様の衛生管理を行う一定の資格（安衛法12条の2）を有する者である。**労働者数が10人以上～50人未満の事業場で、第2種を選任できる「その他の業種」について、選任できる者**なのだ。

ということで、「40人」の労働者を使用する「金融業」という「**第2種**」**を選任できる**事業場において、**衛生推進者を1人選任**しているこの選択肢は正しい。

> 「衛生推進者」は、過去10年間でこれ以上のことが問われていない。また、いずれも要件を満たす正しい選択肢だったぞ。

直前に再チェック！

① 「第2種」衛生管理者を選任できる主な業種は…

　　　　　➡軽微なルーフを卸して小売り、タンと金儲けの旅

　　　　　➡警備業、ゴルフ場業、商品卸売・小売業、金融業、旅館業

② 「第2種」衛生管理者を選任できる業種が出てくる選択肢は…

　　　　　➡かなりの確率で正しい！

産業医と総括安全衛生管理者の出題パターンはこれだ！

ここでは「産業医」と「総括安全衛生管理者」に関する出題パターンを確認する。ここまで押さえておけば衛生管理体制に関する問題は完璧だ。

😷 出題パターンは限られているので、これは押さえよ！

　12 ページから述べてきた「**衛生管理体制**」に関する問題について、ここが最後の話になる。13 ページの表中 3 の「**産業医**」と「**総括安全衛生管理者**」と 4 の「**選任期限等**」に関する話だ。

　まずは、「**産業医**」と「**総括安全衛生管理者**」の話をはじめよう。ここでも両者の選任に関する話がメインとなるが、先に必要な知識を掲載すると、以下のものになる。

■ Study ③　産業医と総括安全衛生管理者の選任数等

項目	産業医	総括安全衛生管理者
選任期限等	選任事由の発生日から、14 日以内に選任し、遅滞なく労働基準監督署長に届出	
選任数	50 〜 499 人　1 人 専属は不要	運送業、清掃業、建設業、林業 100 人以上で 1 人
	500 〜 999 人　1 人 有害業務 500 人以上で（深夜業を含む）、専属が必要	旅館業、各種商品小売業・卸売業、通信業、ゴルフ場業、製造業、自動車整備業等工業的業種（安衛令 2 条 2 号の業種）300 人以上で 1 人
	1,000 〜 3,000 人　1 人 全ての事業場で専属が必要	その他の業種（上記、赤字の業種を除く非工業的業種、安衛令 2 条 3 号の業種）1,000 人以上で 1 人
	3,001 人以上　2 人 全ての事業場で専属が必要	

　前ページの表について補足すると、**産業医**については、**50 人以上の事業場から選任しなければならない**。また、**500 人以上の事業場において専属が必要となる有害業務**とは、高熱・低温物体など有害物質を扱う業務であるが、具体的な有害業務の内容については問われないので、気にする必要がない。ただし、有害業務に該当しない一定の深夜業では、専属が必要となる。

■「専属」の産業医が必要な要件

①有害業務 500 人以上
（深夜業を含む）で必要

産業医
の専属

② 1,000 人以上
全ての業種で必要

産業医も総括安全衛生管理者も選任「数」は、基本的に 1 人である。ただし、3,001 人以上の産業医は 2 人と覚えておけばよい。

　次に、**総括安全衛生管理者**について、**100 人未満の事業場では選任の義務はない**。また、**選任が必要**となる場合でも、**全て 1 人の選任**でよい。
　「総括安全衛生管理者」について、押さえておくべき知識のゴロ合わせは、以下のものだ。

300 人に連絡だ！
（300 人以上、通信業）

氷をつくり、　　　泊まってゴルフ！
（商品小売・卸売業、製造業、旅館業、ゴルフ場業）

では、**総括安全衛生管理者と産業医の「選任」**等に関する**出題パターン**を確認しよう。「衛生管理体制」全体における頻出度等は以下のものだ。

頻出度	B	問題数	16問	占有率	16%

●総括安全衛生管理者と産業医の「選任」等に関する出題パターン

①**産業医**は、選任すべき事由が発生した日から **30日以内に選任**しなければならない。（平30.1〜6）

②**総括安全衛生管理者の選任**は、総括安全衛生管理者を選任すべき事由が発生した日から **14日以内**に行わなければならない。（平30.7〜12）

③常時700人の労働者を使用し、そのうち**深夜業を含む業務に常時500人以上**の労働者を従事させる事業場では、その事業場に**専属の産業医を選任**しなければならない。（令3.7〜12ほか）

④常時 **1,000人以上**の労働者を使用する事業場では、その事業場に**専属の産業医を選任**しなければならない。（平30.7〜12ほか）

⑤常時 **800人以上**の労働者を使用する事業場では、その事業場に**専属の産業医を選任**しなければならない。（令2.1〜6）

⑥**産業医を選任**しなければならない事業場は、常時 **50人以上**の労働者を使用する事業場である。（平30.1〜6）

⑦常時 **300人以上**の労働者を使用する**各種商品小売業**の事業場では、**総括安全衛生管理者を選任**しなければならない。（令5.1〜6ほか）

⑧常時使用する労働者数が **300人**で、次の業種に属する事業場のうち、法令上、**総括安全衛生管理者の選任が義務付けられていない業種**はどれか。（令3.1〜6ほか）

(1) 通信業　　(2) 各種商品小売業　(3) 旅館業

(4) ゴルフ場業　(5) 医療業

パターン①と②は、「Study ③」の「選任期限等」の項目から、ともに「14日以内」であり、パターン①が誤り、パターン②が正しいことがわかる。なお、届出（報告）は選任後「遅滞なく」行わねばならない。

パターン③と④は「産業医の専属」に関する出題だが、わかるはずだ。パターン③は、深夜業を含む業務に500人の労働者を従事させているので、専属の産業医が必要であり正しい。

そして、パターン④は、1,000人以上の労働者を使用している事業場なので、正しい内容となる。

パターン⑤は、有害業務ではない事業場において、専属の産業医が必要となるのは1,000人以上なので、誤っている。

また、パターン⑥は、産業医を選任すべき義務が発生するのは、50人以上の事業場ということで正しい。

パターン⑦は、31ページのゴロ合わせ「300人に連絡だ！氷をつくり…」で解ける。300人以上の労働者を使用する各種商品小売業では、総括安全衛生管理者の選任が必要であり、正しい。

また、パターン⑧は、常時使用する労働者数が300人である。この点、30ページの「Study ③」の表を見れば、300人以上で1人の総括安全衛生管理者を選任すべき業種には、(1)～(4)の業種が含まれているが、(5)の医療業は「その他の業種＝1,000人以上で1人必要」のカテゴリに入る。

よって、労働者数が300人のとき、(5)の医療業では、総括安全衛生管理者が不要となり、これが正解となる。

☺ 次に両者の職務内容等を一読しておこう！

　次に、総括安全衛生管理者と産業医について、たまに出題される**職務内容等**について確認しておきたい。**両者の職務内容等をまとめたものが、次の「Study ④」**である。

■ Study ④　総括安全衛生管理者と産業医の主な職務等

総括安全衛生管理者	産業医
• **衛生管理者、安全管理者**※**を指揮** • 危険、健康障害防止措置 • 安全・衛生の教育実施 • **健康保持増進対策** • 労働災害原因調査と防止措置 • 安全衛生方針の表明等	• 労働者の健康管理等 • **健康障害の原因調査、再発防止措置** • **健康診断**と衛生教育 • ストレスチェック診断及び面接指導 • 作業管理、作業環境管理 • 作業場巡視（毎月１回以上） • 衛生委員会への出席等

※安全管理者：労働者数が50人以上の事業場において、総括安全衛生管理者の選任が必要な業種の多くで、安全に関する技術的な事項を担当する。

この両者の職務内容等についての頻出度はCであり、余力があれば押さえておく程度でよい。

●産業医と総括安全衛生管理者の「職務内容」に関する出題パターン

①**産業医の職務**として、**法令に定められていない事項**は次のうちどれか。（平30.7～12）

（1）衛生教育に関すること。

（2）作業環境の維持管理に関すること。

（3）作業の管理に関すること。

（4）労働者の健康障害の原因の調査及び再発防止のための措置に関
　　すること。

（5）安全衛生に関する方針の表明に関すること。

②事業者は、選任した**産業医**に、**労働者の健康管理等**を行わせなけれ
　ばならない。（平 30.1 ～ 6）

③**総括安全衛生管理者**は、事業場においてその**事業の実施を統括管理す
る者**又はこれに**準ずる者**を充てなければならない。（令 4.1 ～ 6）

④**都道府県労働局長**は、**労働災害を防止**するため必要があると認める
　ときは、**総括安全衛生管理者の業務の執行**について**事業者に勧告**す
　ることができる。（令 4.1 ～ 6）

⑤**総括安全衛生管理者**が旅行、疾病、事故その他**やむを得ない事由に
よって職務を行うことができない**ときは、**代理者を選任**しなければ
ならない。（令 3.7 ～ 12）

　パターン①は、まだ 1 回だけの出題だが、過去に出題された点で今後の
出題がありうるので取り上げた。「**Study ④**」を見ればわかるとおり、**産業
医の職務に該当しないのは**「**（5）安全衛生に関する方針の表明に関すること**」
である。これは**総括安全衛生管理者**の業務である（安衛法 10 条 1 項 5 号、
則 3 条の 2）。

　パターン②の「**労働者の健康管理等**」は産業医の主たる業務であり（安
衛法 13 条 1 項）、**正しい**。

　パターン③～⑤は**総括安全衛生管理者**に関する問題だが、「Study ④」に
はない内容なので補足説明を行おう。

　パターン③について、安衛法 10 条 2 項で「**総括安全衛生管理者は、事業
の実施を統括管理する者**をもって充てなければならない」と規定されてい

る。この「統括管理する者」とは、事業場における事業の実施について、実質的に統括管理する権限及び責任を有する者だ（例えば工場長など）。

したがって、**問題文の「準ずる者」は、誤り**となる。

パターン④について、事業場で災害が発生した場合、同様の業種等と比べて、その発生率などが高く、又、それが総括安全衛生管理者の不適切な業務の内容による結果と考えられる場合、再発防止なども含め、**都道府県労働局長が事業者に対して勧告することができる**。いわゆる行政指導が行われるのだ。本問は安衛法10条3項の規定がそのまま書かれており、**正しい**。

最後の**パターン⑤**は、「**旅行、疾病、事故その他やむを得ない事由によって職務を行うことができないとき**」は**代理者を選任する**とされているので（安衛則3条）**正しい**。

以上が12ページから続いた「衛生管理体制」に関する内容である。「衛生管理体制」は試験で最も難しい問題の1つだが、ここを攻略できれば合格に1歩近づくぞ！

 ・・・・・・・・・・・・・・・
直前に再チェック！

・「専属」の産業医が必要となる事業場は…

　　　　➡① 有害業務500人以上（深夜業を含む）！

　　　　② 1,000人以上の労働者を使用する事業場！

・300人以上の労働者を使用する事業場で総括安全衛生管理者を選任しなければならない主な業種は…

　　　　➡通信業、各種商品小売業・製造業、旅館業、ゴルフ場業！

攻略パターン ⑤

たったこれだけ超簡単！衛生委員会の攻略ポイント！

ここでは「衛生委員会」に関する出題パターンを確認する。とても簡単な内容なので、この問題は絶対に正解したい！

😊 まずはメンバー構成を押さえるべし！

衛生委員会は、出席メンバーが**労働者の健康の保持増進**について重要な事項を調査審議し、**事業者に対して意見を述べる機関**であり、この委員会に関する出題も多い。

ちなみに、衛生管理者になると、事業場の衛生委員会に出席する機会が訪れる。**衛生管理者が複数いる場合は、事業者が指名した者が出席**するので、**必ずしも出席することにはならない**が、委員会への資料の準備を行い、労働者の健康増進等の改善策など意見を述べなければならない。

難しい話はこれくらいにして内容に入ろう。衛生委員会については、過去10年間で、5回だけ出題されなかったので、75問分についての分析となった。

■衛生委員会の出題パターン（件はパターン数）

	出題パターンの内容	件・設問数
1	委員に関する指名内容	6件 － 19問
2	労働衛生コンサルタント、産業医の指名の可否	6件 － 15問
3	議長に関する指名内容	2件 － 15問
4	開催回数と記録の保存	4件 － 11問
5	設置条件と安全衛生委員会	4件 － 5問
6	議事内容等	3件 － 10問
	合計	**25件 － 75問**

この表からわかると思うが、**衛生委員会**については、**繰り返しの問題だらけ**である。では、**前ページ表中1の「委員に関する指名内容」**から確認していこう。

なお、「委員」というくくりで言えば、前ページ表中の1と2は同じであるが、出題内容をわかりやすくするため、1は「衛生管理者」、2は「労働衛生コンサルタント及び産業医」という形に分けて統計をとっている。まずは次の図を見てほしい。

■衛生委員会のメンバー構成図

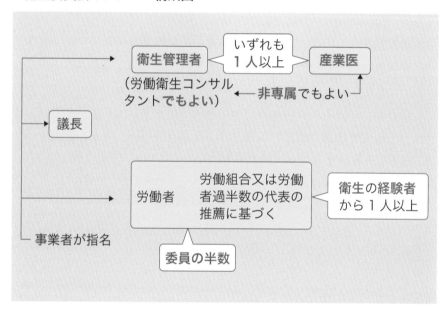

上の図は衛生委員会のメンバー構成図だ。「委員に関する指名内容」に関する問題は「衛生委員会」のテーマ中でも最も出題数が多いが、**委員会のメンバー構成について繰り返し出題されているだけ**である。

その**委員会のメンバー構成についてのポイント**をまとめたものが「Study⑤」である。

■ Study ⑤　衛生委員会のメンバー構成

前提として、衛生委員会のメンバーは事業者が指名する。

①**議長**…………総括安全衛生管理者又はそれ以外の者で**事業の実施を統括管理**する者若しくはこれに**準ずる者**。

②**衛生管理者**…**1 人以上**で OK。
　　　　　　　　労働衛生コンサルタント（専属でも非専属）でもよい。

③**産業医**………**1 人以上**で OK。専属でも非専属でもよい。

④**労働者のうち衛生**に関する**経験**のある者。

〔最大のポイント！〕
このメンバー中、**議長を除く委員の半数**は、労働組合か、労働組合がない場合は、**労働者の過半数の代表の推薦に基づいて、事業者が指名**！

　押さえておきたい内容はこれだけだ。それでは**「委員に関する指名内容」**に関する出題パターンを確認していこう。「衛生委員会」全体における頻出度等は以下のものだ。

頻出度	S	問題数	19 問	占有率	25%

●「委員に関する指名内容」に関する出題パターン

①衛生委員会の**議長を除く全委員**は、事業場に労働者の過半数で組織する労働組合がないときは、**労働者の過半数を代表する者の推薦に基づき指名**しなければならない。（令 2.1 ～ 6 ほか）

②事業場で選任している**衛生管理者**は、**すべて衛生委員会の委員**としなければならない。（平 27.1 ～ 6 ほか）

③衛生委員会の**議長を除く委員の半数**については、事業場に労働者の過半数で組織する労働組合がないときは、**労働者の過半数を代表する者の推薦に基づき指名**しなければならない。（令 5.1 ～ 6 ほか）

④当該事業場の労働者で、**衛生に関し経験を有するものを衛生委員会の委員として指名**することができる。（令 2.1 ～ 6 ほか）

パターン①について、議長を除く**「全委員」**は、労働者の過半数を代表する者の推薦に基づき指名しなければならないとあるが、**委員の半数**であり、**誤っている**。なお、本問の状況では、1 人以上いなければならない衛生管理者や産業医も入っていない。

パターン②について、**「衛生管理者」**は 1 人（以上）でよいので、事業場で選任している**すべての衛生管理者を衛生委員会のメンバーとする必要はない**。誤っている。

パターン③及び④は、「Study ⑤」から正しいことがわかるだろう。

これだけである。拍子抜けするくらい簡単ではないかな。では、次の**労働衛生コンサルタントと産業医の指名**の話に入ろう。

😊 結論…いずれの形でも選任できる！

「労働衛生コンサルタントと産業医の指名の可否」に関する問題は 15 問であり、「衛生委員会」全体における頻出度等は以下のものだ。

頻出度	A	問題数	15 問	占有率	20%

内容は簡単で、**両者を「専属」「非専属」で指名ができるか**というだけの問題でしかない。**結論として、「専属と非専属いずれの場合も指名できる」**と覚えておけば、何の問題もない！

● 「労働衛生コンサルタントと産業医の指名の可否」に関する出題パターン

①衛生管理者として選任しているが事業場に**専属でない労働衛生コンサルタント**を、**衛生委員会の委員として指名することはできない。**（令4.7 ～ 12 ほか）

②**衛生委員会の委員**として、事業場に**専属でない産業医を指名することはできない。**（令元.1 ～ 6 ほか）

③**産業医のうち衛生委員会の委員**として指名することができるのは、当該**事業場に専属**の産業医に**限られる。**（令 4.7 ～ 12）

④事業場に**専属ではない**が、衛生管理者として選任している**労働衛生コンサルタントを、衛生委員会の委員として指名**することができる。（平 29.1 ～ 6 ほか）

見れば判断できますよね。**パターン①～③は、専属ではない労働衛生コンサルタントも産業医も、衛生委員会の委員として選任できるので誤っている。**同じ理由で、**パターン④は正しい**ということだ。

上のデータのとおり、この簡単な問題が「頻出度 A」だ。絶対に正解したい！

😷 単なる衛生管理者ではなれない議長！

次は「議長」に関する問題だ。**「議長に関する指名内容」**の問題は過去 10 年間で 15 問出題されており、やはり頻出度は A である。

頻出度	A	問題数	15 問	占有率	20%

衛生委員会の委員は、議長を含めて全て事業者が指名する。ただし、議長は誰でもなれるものではない。その資格は、**総括安全衛生管理者**であるか、

それ以外の者で**事業の実施**を**統括管理する者・これに準ずる者**（安衛法18条2項）である。議長に関する問題のポイントはこれだけなので、出題パターンを見てほしい。

● **「議長に関する指名内容」の出題パターン**

①衛生委員会の**議長**は、**衛生管理者である委員のうちから**、事業者が指名しなければならない。（令4.7〜12ほか）

②衛生委員会の議長は、原則として、**総括安全衛生管理者又は総括安全衛生管理者以外の者で事業場においてその事業の実施を統括管理するもの若しくはこれに準ずる者**のうちから事業者が指名した委員がなるものとする。（令5.1〜6ほか）

③**総括安全衛生管理者の選任を要しない事業場**では、総括安全衛生管理者ではないが、当該事業場においてその**事業の実施を統括管理する者**を、衛生委員会の**議長**となる委員として指名することができる。（平22.7〜12）

パターン①について、**議長として単なる衛生管理者は指名できない**ので、**誤っている。**

そして、**パターン②**については、**正しい内容**であり、そこから**パターン③も正しい内容**であることはわかろう。

その他、衛生委員会の問題は３つのポイントで十分！

衛生委員会に関する最後は37ページ表中4の**「開催回数と記録の保存」**と、5の**「設置条件と安全衛生委員会」**だ。ここは併せて確認しておく。なお、安全衛生委員会については最近の出題がなく、平成27年以前に出題が集中していたので、念のため程度の確認で構わない。

開催回数と記録の保存

頻出度	B	問題数	11問	占有率	15%

設置条件と安全衛生委員会

頻出度	C	問題数	5問	占有率	7%

これらのポイントをまとめたのが、以下の表である。

■設置条件、開催回数、記録の保存、安全衛生委員会のポイント

項目	内容
①設置条件	業種を問わず労働者50人以上の事業場
②開催回数、議事の記録の保存	毎月1回以上開催、議事記録は3年間保存。議事の概要は、所定の方法で労働者に周知させる。
③安全衛生委員会	衛生委員会、安全委員会に代えて、安全衛生委員会を設置できる。

それでは、設置条件等の出題パターンを見てみよう。

●「設置条件等」の出題パターン

①衛生委員会は、**業種にかかわらず、常時50人以上**の労働者を使用する事業場において設置しなければならない。（平27.7〜12）

②衛生委員会は、工業的業種の事業場では常時50人以上、**非工業的業種の事業場では常時100人以上**の労働者を使用する事業場において設置しなければならない。（平26.7〜12）

③衛生委員会は、**毎月1回以上開催**するようにし、議事で重要なものに係る**記録を作成**して、これを**5年間保存**しなければならない。（令3.7〜12ほか）

④衛生委員会は、**3か月以内ごとに1回開催**し、重要な議事に係る**記録を作成**して、**3年間保存**しなければならない。（平25.7〜12）

⑤衛生委員会の議事で重要なものについては、**記録を作成し、3年間保存**しなければならない。（平29.1〜6ほか）

⑥衛生委員会及び安全委員会の設置に**代えて安全衛生委員会を設置**することは**できない**。（平27.1〜6）

前ページの表を見れば、どの問題も即答できるはずだ。やはり衛生委員会の問題はカンタンだ！

パターン①は、**衛生委員会の設置条件について**正しい内容である。そうなると、**パターン②**は、業種で設置条件を分けている点で**誤っている**。

パターン③について、衛生委員会を毎月１回以上開催するとしている点では正しいが、**記録の保存期間は３年間であり**誤っている。この点について、**正しい記述がパターン⑤**だ。他方、**パターン④は**、３か月以内ごとに１回開催という点で**誤っている**。

最後の**パターン⑥**だが、衛生委員会及び安全委員会の設置に代えて**安全衛生委員会を設置することはできるので、誤っている**。

以上が「衛生委員会」に関する出題パターンである。簡単な問題が多いので、これらは押さえておこう！

 直前に再チェック！

衛生委員会について

①設置条件は… ➡業種を問わず、労働者 50 人以上！

②開催回数は… ➡毎月１回以上！

③重要な議事は… ➡記録を作成して３年間保存！

④議長を除き、衛生委員会の委員になれるのは…

➡衛生管理者（労働衛生コンサルタント）、産業医、衛生の経験者

⑤衛生管理者や産業医は、非専属の者でも委員になれる？

➡なれる！

⑥労働者の推薦に基づき指名する委員の割合は…

➡議長を除き委員の半数！

攻略
パターン
6

複雑な健康診断の学習も、ここで終えてしまおう！

「健康診断」にはいくつかの種類があり、覚える知識が多いので学習しにくい。しかし、ここで紹介する知識だけで学習を終えられるぞ！

2つの健康診断、プラスαの知識で勝負する！

　ここでは**健康診断**に関する出題パターンの話をしよう。衛生管理者には、労働者の健康管理について、健康診断や健康保持増進対策に関する責任者としての職務が求められている。

　具体的には、労働者を雇入れる際の**「雇入時の健康診断」、全ての労働者等を対象**とした**1年以内ごとに1回実施する「定期健康診断」**などを行い、医師との日程調整、診断後の医師と労働者との面接指導、健康診断結果の記録作成・保存など様々な場面にかかわっていくこととなる。

　そして、健康診断には大きく分けて、**一般健康診断**と有害物質等が対象の**特殊健康診断**等があるが、このうちの**一般健康診断**には、雇入時の健康診断、定期健康診断、特定業務のうち深夜業従事者の健康診断、海外派遣労働者の健康診断などがある。

　ここでは一般健康診断の**「定期健康診断」と「雇入時の健康診断」**にスポットを当てて解説しつつ、特に必要となるその他の健康診断について、プラスαの知識を上積みしていこう。

　スペースの都合上、細かいデータは省略するが、過去10年間において、この2つの健康診断は毎回のように出題されている。

「省略できる・できない」項目はゴロ合わせで攻略！

　健康診断に関する問題では、**検査項目**が問われることが多い。その中でも「**（医師の判断に基づき）省略できる**」項目か否かという点が頻出なので、まずはこの点の確認をしよう。なお、下表のものが**検査項目の全て**であり、**定期健康診断と雇入時の健康診断**において、**項目は変わらない**。

■ Study ⑥　健康診断項目の省略の可否

	省略できない	省略できる
定期	● 既往歴、業務歴 ● 自覚、他覚症状　● 体重、視力 ● 聴力（1,000Hz、4,000Hz） ● 血圧　● 尿（糖、蛋白の有無）	● 肝機能（GOT・GPT・γ-GTP） ● 血中脂質（LDL・HDL・血清） ● 血糖　● 心電図 ● 貧血検査（35歳を除く40歳未満）
	一部省略できるもの ● 身長（20歳以上） ● 胸部X線（40歳未満で20歳から5歳ごとの節目の者を除く等） ● 腹囲（35歳を除く40歳未満、BMI20未満等） ● 喀痰検査（胸部X線で異常のない者等） ● 聴力検査：35歳・40歳除く45歳未満は、医師が略式検査に代替できる。	
雇入時	原則：すべて	原則：なし
	特例 雇入前3か月以内に健康診断を受けた者が、医師の診断結果の証明を提出すれば、当該健康診断の項目について省略できる。	

　これを覚えるのは大変だぁ…と思うだろう。「**定期健康診断**」において「**省略できない**」もののゴロ合わせはこれだ。

自他ともに、**略**さず知りたい、**血尿記**録
（自覚・他覚症状、省略できない）（血圧、尿検査）

隊長略さず
（体重、聴力、省略できない）

思慮深く、起業！
（視力、既往歴・業務歴）

そして、「**定期健康診断**」で「**省略できる**」もののゴロ合わせは以下のものだ。これらのどちらかを使って、問題は解けばよい。

ひ〜ん！　缶酎ハイ
（貧血検査、肝機能、血中脂質）

結構、心にしみる！
（血糖、心電図）

違いは「労基署長への報告」のみ！　〜意見聴取等

　健康診断については、結果を受けて医師の意見を聴かねばならない義務や、労働基準監督署長への結果報告の義務などがある。これらのポイントをまとめた表が以下のものだ。

■ Study ⑦　健康診断の意見聴取等のポイント

	意見聴取	結果通知	結果報告の義務	記録の保存
定期	3か月以内	遅滞なく	50人以上	5年間
雇入時	3か月以内	遅滞なく	義務なし	5年間

- **意見聴取**…健康診断の結果、**異常の所見**があると診断された労働者に対して、健康を保持するための措置について**医師の意見を聴かなければならない**もの。
- **結果通知**…労働者に、異常所見の有無にかかわらず**行わなければならない**もの。
- **結果報告**…**労働基準監督署長**に、遅滞なく、**行わなければならない**もの。
- **記録保存**…医師等の意見を記録し、健康診断**個人票**を作成して**保存**するもの。

　これらの内容は押さえるとして、**「定期」**と**「雇入時」**で**違い**があるのは、「定期」での**労働基準監督署長への報告義務**だけだ。この点を意識しよう。

😷 **「深夜業」と「海外派遣」労働者は、2つのポイントで勝負！**

　ここまで、**一般健康診断**のなかの「定期健康診断」と「雇入時の健康診断」の話をしてきたが、最後に**「深夜業労働者」と「海外派遣労働者」の健康診断**について押さえておくべき知識を紹介する。以下の2点だけで、対応できる可能性が高い。

■ **Study ⑧　「深夜業」と「海外派遣」労働者の健康診断のポイント**

深夜業労働者	海外派遣労働者
配置換えの際に行う。 また、定期に6か月に1回行う。ただし、胸部エックス線検査については1年に1回でよい。	海外派遣が6か月以上の場合、派遣前に行う。 また、派遣後の帰国後、国内業務に就かせるときに行う（一時的な場合を除く）。

※海外派遣健診とは、「定期」健康診断のほかに、医師が必要とする際の健診に、①腹部画像検査、②血中尿酸値、③B型肝炎ウイルス抗体検査のほか、④ABO式・Rh式血液型検査（派遣前）又は糞便塗抹検査（帰国時）を行うもの。

> 上記の深夜業労働者の知識は過去10年間で7回、海外派遣労働者の知識は3回も出題され、今後も出題が予想される。なお、これらは全て正しい選択肢として出題されている。

それでは、「定期健康診断」、「深夜業労働者」、「海外派遣労働者」に関する出題パターンから確認してみよう。

● 「定期健康診断」等の出題パターン（一部省略している問題文あり）

① **定期健康診断項目**のうち、厚生労働大臣が定める基準に基づき、医師が必要でないと認めるときは、**省略することができる項目に該当しないもの**はどれか。（令4.1 ～ 6）

  （1）自覚症状の有無の検査　（2）腹囲の検査

  （3）胸部エックス線検査　（4）心電図検査　（5）血中脂質検査

② **定期健康診断の項目**のうち、厚生労働大臣が定める基準に基づき、医師が必要でないと認めるときに**省略することができる項目に該当しないもの**はどれか。（平29.1 ～ 6）

  （1）身長の検査　（2）肝機能検査　（3）尿検査

  （4）心電図検査　（5）血中脂質検査

③ 常時**40人**の労働者を使用する事業場において、**定期健康診断の結果**について、所轄**労働基準監督署長に報告を行っていない**。（令2.7 ～ 12 ほか）

④ 事業場において実施した**定期健康診断の結果**、健康診断項目に**異常所見**があると診断された労働者については、健康を保持するために必要な措置について、健康診断が行われた日から**3か月以内に、医師から意見聴取を行っている**。（令3.1 ～ 6 ほか）

⑤ **深夜業を含む業務**に常時従事する労働者に対し、**6か月以内ごとに1回、定期に、健康診断を行わなければならない**が、**胸部エックス線検査**については、**1年以内ごとに1回**、定期に、行うことができる。（令5.1 ～ 6 ほか）

⑥ **海外に6か月以上派遣**して帰国した労働者について、**国内の業務に就かせるとき、一時的な就業の場合を除いて**、海外派遣労働者健康診断を行っている。（令2.7 ～ 12 ほか）

攻略6

複雑な健康診断の学習も、ここで終えてしまおう！

49

パターン①と②については、「省略することができる項目に該当しない」という、回りくどい書き方がされているが、要するに**「省略できない」**検査項目が問われている。

　「自他ともに、略さず知りたい（自覚・他覚症状、省略できない）、血尿記録（血圧、尿検査）」

　ということで、**パターン①が（1）自覚症状の有無の検査、パターン②も（3）尿検査が省略できない項目として正解**になる。

> 同じ問題が繰り返される試験の性質上、**省略できない項目として尿検査は要注意**だ！

　この**パターン①と②**について、「省略できる」ものから解こうとするならば、「**ひ～ん！　缶酎ハイ（貧血検査、肝機能、血中脂質）結構、心にしみる！（血糖、心電図）」から、消去法**で解答してもよい。

　パターン③は、**定期健康診断の労働基準監督署長への結果報告**の話だ。この報告義務があるのは、**労働者が 50 人以上の事業場**なので、40 人の労働者を使用している本問では、**法令に違反しない**。

　パターン④は、**定期健康診断の結果、異常所見があった場合の医師への意見聴取**の話だ。この意見聴取は**健康診断が行われた日から 3 か月以内**に行うものなので、**正しい**。

　パターン⑤は、「**深夜業労働者**」の健康診断の話である。これは **6 か月に1 回行うのが原則**だが、胸部エックス線検査については **1 年に 1 回でよい**ので正しい。

そして、**最後のパターン⑥**は、「**海外派遣労働者**」の健康診断の話である。**本問の記述どおりの内容であり、正しい。**

では、混乱を防ぐために分けて紹介するが、最後に「**雇入時**」の健康診断に関する出題パターンを確認しよう。

●「雇入時」の健康診断の出題パターン

①**雇入時の健康診断**において、35歳未満の者については、医師の意見を聴いて、貧血検査及び心電図検査を**省略している。**（平27.1～6ほか）

②**雇入時の健康診断**において、**医師による健康診断を受けた後3か月を経過しない者**が、その健康診断結果を**証明する書面を提出した**ときは、その**健康診断の項目**に相当する項目を**省略することができる。**（令5.1～6ほか）

③**雇入時の健康診断の項目には、血糖検査が含まれているが、血液中の尿酸濃度の検査は含まれていない。**（平30.7～12ほか）

④**雇入時の健康診断の項目**のうち、**聴力の検査**は、35歳及び40歳の者並びに45歳以上の者に対しては、1,000Hz及び4,000Hzの音について行っているが、**その他の者**に対しては、**医師が適当と認めるその他の方法**により行っている。（令3.1～6ほか）

⑤事業場において実施した**雇入時の健康診断**の項目に異常の所見があると診断された労働者については、その結果に基づき、健康を保持するために必要な措置について、健康診断が行われた日から**3か月以内に、医師の意見を聴かなければならない。**（令3.7～12ほか）

⑥**雇入時の健康診断**の結果に基づき、健康診断個人票を作成して、これを**5年間保存**しなければならない。（令3.7～12ほか）

⑦常時**50人**の労働者を使用する事業場において、**定期健康診断の結果**については、遅滞なく、**所轄労働基準監督署長に報告を行っている**が、**雇入時の健康診断の結果については報告を行っていない。**（令3.1～6ほか）

パターン①だが、これは**雇入時の健康診断で検査項目を省略しているので、誤っている**。そして、次の**パターン②**は、これは**特例で省略できるパターンについてであり正しい**。

　パターン③は、**定期及び雇入時の検査項目**において、**血糖検査は含まれ**ているが、血液中の**尿酸濃度の検査**（痛風の検査に用いられる）は、**含まれていないので、正しい**。

　パターン④は、**雇入時**の健康診断において、**聴力検査についての特例があるか**という点が問われている。結論として、この点の**特例はないので誤っている**。

なお、「**定期健康診断**」においては、**パターン④のような特例がある**。これはヒッカケ問題だ。

　パターン⑤は、**医師からの意見聴取についてであり正しい**。この点について、**定期と雇入時の健康診断で差はない**のだ。本問に関しては、49 ページの「定期」健康診断におけるパターン④も見直しておこう。

　パターン⑥は、**記録の保存**の話であるが、やはり**正しい**。この点についても、**定期と雇入時の健康診断で差はない**。

　最後の**パターン⑦は、結論として正しい**。診断結果の報告は、**定期健康診断であれば、使用する労働者数が 50 人以上なら義務がある**（安衛則 52 条）。そして、**雇入時の場合は、労働者数に関係なく、報告の義務はない**。

以上、長々と解説してきたが、健康診断については毎回出題されるテーマでもあり、繰り返し力を入れて学習しておこう。

直前に再チェック！

①「定期」健康診断で省略できない項目は…

➡自覚・他覚症状、血圧、尿検査、体重、聴力、視力、既往歴・業務歴！

②「定期」健康診断で省略できる項目は…

➡貧血検査、肝機能、血中脂質、血糖、心電図！

③深夜業労働者の健康診断で定期に行う期間は…

➡原則として、6か月に1回！

ただし、胸部エックス線検査は1年に1回でよい！

④「雇入時」の健康診断における労基署長への結果報告の義務は…

➡ない！

コラム　　れっきとした「過去問」です！

本書は「公表問題」を分析した上で、**第2種衛生管理者試験に合格することに特化**して作成した参考書である。**「公表問題」**と見た受験生の中には「過去問じゃないの？」と思った人もいるかもしれないが、**れっきとした「過去問」**である。「公表問題」とは、試験の実施団体である「公益財団法人 安全衛生技術試験協会」のホームページ上で公表されている過去問題のことであり、そのホームページ上では「試験問題は、令和〇年△月から□月までに実施したものです。」としっかり表記されている。「本試験問題」として「実施したもの」なので、**実際にどこかの地域の試験センターで出題された問題が公表されている**ということだ。この点の正確を期すため、本書では「公表問題」と表現しているというわけだ。

「ストレスチェック」と「長時間労働」の面接指導をまとめて攻略

「ストレスチェック」と「長時間労働」に関しては、ともに一定の要件で「面接指導」が必要となる。面接指導から2つのテーマを攻略だ！

2つのテーマを面接指導で横断理解！

ここでは「**労働者のストレスチェック**」と「**長時間労働**」という2つのテーマに共通する「**面接指導**」の知識を確認する。この2つの場面において、一定の要件に該当すると面接指導を実施することになるが、両テーマで共通する部分が多いのだ。

詳しい内容は省略するが、過去10年間の出題項目を見ると、2015（平成27）年12月から**ストレスチェック制度が事業者に義務化**されて以後、従来の長時間労働を中心としたテーマから、**ストレスチェック制度に絞った出題**に変わった。

ただし、**長時間労働についても2019（平成31）年4月に法改正**があり、今後の出題が予想されるので、各項目の内容はキッチリ整理しておきたい。ここは早速Studyの紹介に入ろう。

■ Study ⑨　ストレスチェックと長時間労働のポイント（その1）

項目	ストレスチェック	長時間労働
目的	労働者のストレス状況を検査する	労働時間が一定の要件（労働時間）に該当するかを調査する
実施すべき事業所の規模	労働者50人以上の事業所（50人未満は努力義務）	全事業所の労働者に対して行う（短時間労働者等は除外）
検査・調査期間	1年以内に1回	毎月1回、一定期日
検査・調査の実施者	医師、保健師、研修終了の看護師・精神保健福祉士・歯科医師・公認心理師	事業者

検査・調査内容	①ストレス（心理的な負担）の原因 ②心身の自覚症状 ③周囲（職場や他の労働者）の支援（サポート）	休憩時間を除き**1週間当たり40時間を超えて労働**させた場合、その超えた時間が**1か月当たり80時間を超え**、かつ、疲労の蓄積が認められる者
面接指導の対象要件	上記①〜③のいずれかの評価が悪い、**高ストレス者**	上記の**労働時間を超え、疲労の蓄積が**認められる者
結果の通知	医師等が直接、**労働者に通知**する	事業者が労働者に**通知**し、産業医に当該情報を**提供する**
面接指導の要否	労働者の申出で遅滞なく行う	労働者の申出で遅滞なく行う
事業者による医師等からの意見聴取の要否	面接指導後、遅滞なく行う（意見に基づき労働者への適切な措置を実施等）	面接指導後、遅滞なく行う（意見に基づき労働者への適切な措置を実施等）
記録の保存	5年間（労働者の同意を得た医師等からの**検査結果の内容**）	5年間（医師の適切な**措置等の意見**を記載）
結果報告の要否	労働基準監督署長に**報告義務**がある。	不要。記録の保存で足りる。

■ Study ⑩　ストレスチェックと長時間労働のポイント（その2）

①**ストレスチェックの実務**については、**監督的地位にある者は従事してはならない**（則52条の10第2項）。また、**第三者や人事権を持つ職員**であっても、**調査内容は閲覧できない**。

②**検査結果は、本人の同意がない限り、医師等は事業者に提供してはならない**（法66条の10第2項）。よって、**事業者が結果を入手**するためには、**労働者本人の同意が必要**。

③**面接指導は、あくまでも本人の申出があった場合に行う。**

　よって、「ストレスチェック」に関しては、**高ストレス者と判定された労働者の申出**により行う（法66条の10第3項）。

　→なお、「**長時間労働**」に関して、労働者が、事業者の指定する医師の面接指導を希望しない場合、**他の医師の面接指導を受け、結果を証明する書面を事業者に提出することができる**（専属の産業医に**限らない**ということ。法66条の8第2項）。

　以上を踏まえておけば、2つのテーマに関する面接指導の問題は対応しうるので、さっそく出題パターンで確認していこう！

●面接指導（ストレスチェックと長時間労働）の出題パターン

（問題文は一部改題）

〔ストレスチェックについて〕

①労働者に対して行う**ストレスチェックの事項**は、「職場における当該労働者の心理的な負担の**原因**」、「当該労働者の心理的な負担による心身の**自覚症状**」及び「職場における他の労働者による当該労働者への**支援**」に関する項目である。（令 3.7 ～ 12 ほか）

②常時 50 人以上の労働者を使用する事業場においては、**6 か月以内ごとに 1 回**、定期に、ストレスチェックを行わなければならない。（令 3.7 ～ 12 ほか）

③事業者は、**ストレスチェックの結果**が、衛生管理者及びストレスチェックを受けた**労働者に通知されるよう**にしなければならない。（令 3.7 ～ 12 ほか）

④事業者は、ストレスチェックの結果、心理的な負担の程度が高い**労働者全員に対し、医師による面接指導を行わなければならない**。（令 3.7 ～ 12 ほか）

⑤面接指導を行う医師として事業者が指名できる医師は、当該事業場の**産業医に限られる**。（令 5.1 ～ 6 ほか）

⑥ストレスチェックと面接指導の実施状況について、**面接指導を受けた労働者数が 50 人以上の場合に限り、労働基準監督署長へ報告**しなければならない。（令 2.1 ～ 6 ほか）

⑦**面接指導の結果は、健康診断個人票に記載**しなければならない。（令 2.7 ～ 12）

〔長時間労働について〕

⑧面接指導の対象となる労働者の要件は、原則として、休憩時間を除き**1 週間当たり 40 時間を超えて**労働させた場合におけるその**超えた時間が 1 か月当たり 80 時間を超え**、かつ、**疲労の蓄積**が認められる者であることとする。（令 4.7 ～ 12 ほか）

⑨事業者は、面接指導の結果に基づき、労働者の健康を保持するため必要な措置について、面接指導実施日から**3か月以内に、医師の意見を聴かなければならない。**（令4.1〜6ほか）

⑩面接指導は、その対象となる要件に該当する**労働者の申出**により行われる。（平27.7〜12ほか）

⑪労働者は、事業者の指定した医師による面接指導を希望しない場合は、**他の医師の行う面接指導**を受け、その**結果を証明する書面を事業者に提出することができる。**（平27.1〜6ほか）

パターン①だが、**検査項目は「Study ⑨」の「検査・調査内容」**のとおり、①原因、②自覚症状、③支援（サポート）の3項目であり**正しい**。このパターンは3項目を覚えておこう。

パターン②について、実施の規模である「50人以上」は**正しい**が、検査期間は6か月以内ではなく「**1年以内ごと**」なので、**誤っている**。

パターン③の結果通知についての大事な点は「**医師等が直接、労働者に通知**」することである。また、**労働者の同意がなければ、結果が事業者に通知されることはない**。したがって、**誤っている**。

パターン④は面接指導の実施についてだが、あくまでも「**労働者から申出**」があったときに遅滞なく行うものであり、心理的な負担の程度が高い労働者全員ではないので、**誤っている**。

パターン⑤について、法令上にこのような規定は**ない**。例えば、産業医以外の保健師等もその実施者と**なれる**ので**誤っている**。

パターン⑥は実施状況の報告についてだが、**ストレスチェックは報告義務がある**ので、「面接指導を受けた労働者数が50人以上の場合に限り」と限定している点で**誤っている**。

パターン⑦は面接指導の記録についての話だ。面接指導の記録は、労働

者の同意を得た医師等の意見を記載した記録を作成して5年間保存するものであり、健康診断個人票へ記載（第三者に閲覧が可能な状態）するものではないので**誤っている**。

　ここからが「**長時間労働**」に関するものだが、**パターン⑧は面接指導の対象となる労働者の要件**の話であり、**正しい内容だ**。

　パターン⑨は医師からの意見聴取の話だが「**遅滞なく**」行わなければならない。疲労の蓄積が認められる者を**3か月も放っておくのは**おかしい。なお、これはストレスチェックにも共通の内容だ。

　パターン⑩は面接指導の実施についてだが、**ストレスチェックにも共通して、あくまでも労働者の申出**により行うものだ。**正しい**。そして、**パターン⑪は「Study⑩」の③**で触れた内容であり**正しい**。

　以上、これらは難しい問題ではないので、ここで紹介した内容を踏まえて、得点源にしてほしい。

直前に再チェック！

① 「ストレスチェック」の3つの検査項目は？

　　　　　　➡原因、自覚症状、支援（サポート）の3項目！

② 「ストレスチェック」及び「長時間労働」に関する面接指導は、事業者が要否を決定できる？

　　　　　　　➡できない！ あくまで労働者の申出で行う！

③労働者に対する結果の通知について、医師等が直接に行うのはどっち？　　　　　　　　　　➡ストレスチェック！

　　　　　➡長時間労働については**事業者が通知**！

数字に強い衛生管理者になる！
その１　事業場の衛生基準

第２種衛生管理者試験では「数字」ものがよく問われる。ここでは「事業場の衛生基準」について、数字の知識をまとめておく。

繰り返し 10 回以上も出題されている選択肢もあり！

　衛生管理者試験では、問題文に出てくる「数字」について正誤を問われる問題もよく出る。この手の問題は正確な数字を覚えておかないと、ちょっとした出題者のヒッカケにつられてしまい、誤ってしまうことになりかねない。

　そこで、ここでは関係法令の分野における**「事業場の衛生基準」**に関して、**「数字」に注目**した必要な知識をまとめてみよう。ここでも今までと同じく、必要な「Study」を紹介していくので、これらは正確に覚えてもらいたい。

> この項目に限る話ではないが、試験直前に「Study」だけをまとめて総ざらいできるようにしてある。

　まずは出題傾向をつかむため、**「事業場の衛生基準」に関する出題項目**をまとめたのが次ページの表だ。**出題パターンは９項目**となっている。基本的にこれらの出題パターンは、人数等の数字を変えただけの問題であり、その**多くが繰り返し問題**となっている。要するに、出題パターンは少ないので、学習ポイントを絞れるテーマでもある。

■事業場の衛生基準の出題パターン

項目	件数	問題数	出題率
1. 男女別休養室、休憩所の設置	8	16	19%
2. 作業場の気積	8	15	18%
3. 換気：窓その他の開口部の面積	2	10	12%
4. 炊事従業員の便所、休憩室	2	8	9%
5. 食堂の床面積	5	13	15%
6. 大掃除・ねずみ等の措置	3	15	18%
7. 作業面の照度	3	4	5%
8. 照明設備の点検	1	2	2%
9. 男性用小便所数	2	2	2%
合計	34	85	―

　内容に入ろう。まずは**事業場の休養室（所）、休憩所（室）**の決まりについてである。なお、休「養」室と休「憩」所は、設置する義務の強さに違いがあるが、ここまで気にする必要はない。労基法では、労働者の休憩時間について、労働時間が6時間を超える場合は少なくとも45分、8時間を超える場合は1時間を労働時間の途中で与えなければならないとする（同法34条）。

　そしてこの場合、事業者は、労働者が休憩を有効に利用するための設備を設けるように努めなければならない（安衛則613条）。

　ただし、**労働者が男女合計で50人以上又は女性30人以上**の場合は、**臥床<small>がしょう</small>（横になること）できる休養室又は休養所**を、**男女別に設けなければならない**（安衛則618条）。男女別なので、**女性用だけではなく、男性用の休養室等も必要**だ。労働者の体調が悪くなったとき、横になって休養する場所がなければならないということだ。

　次は、**作業場の気積と換気**について、**気積**とは、屋内作業場の労働者が**呼吸等に必要な室内空気量**のことだ。設備の占める容積及び床面から4mを超える高さにある空間を除いて、**労働者「1人」について10m^{3}以上必要**とされる（安衛則600条）。

その結果、**作業場の労働者が50人**であれば、「**50人 × 10m³ = 500m³ 以上**」の気積が必要ということだ。

> 問題では影響しないので「…4mを超える高さにある空間を除いて」というところは気にしないでよい。要するに、**1人当たり10m³ 以上の気積が必要**ということだ！

また、**屋内作業場の換気**について、十分な**換気設備が備えられていない**（窓で換気をしている）場合は、「窓その他の開口部の**直接外気に向かって開放できる部分の面積が、常時床面積の20分の1以上**になるようにしなければならない」（安衛則601条1項、事務所則3条1項）。

さらに、**屋内作業場の気温が10℃以下**のときの換気に際しては、**労働者を毎秒1m以上の気流にさらしてはならない**ともされている（安衛則601条2項）。では、以上の話を「**Study ⑪**」でまとめておく。

■ Study ⑪　作業場の衛生基準

	項目	必要な条件
休養	臥床できる休養室（所）	①男女合計50人以上、又は、②女性30人以上で、男女別とする（②未満では不要）。
気積	労働者1人について必要な気積	10m³ 以上 「労働者数 × 10m³」という計算式で、必要な気積量を求める。
換気	換気設備がない場合の開放部分面積	床面積の20分の1以上
	気流	10℃以下では、1m/s以上の気流にさらしてはならない。

また、その他の押さえておきたい衛生基準についても、まとめておくので、これも確認しておくこと。どれも読めばわかるはずだ。

■ Study ⑫　その他、押さえておきたい衛生基準

項目	必要な条件
床面積	食事の際、1 人 1m² 以上
炊事従業員	専用の休憩室と便所を設ける（いずれも共用は不可）。
照度・照明	精密作業：300 ルクス以上 （普通の作業：150 ルクス以上）粗い作業：70 ルクス以上
照明設備の点検	6 か月ごとに 1 回定期に行う。
大掃除	日常清掃のほか、統一的に 6 か月ごとに 1 回定期に行う。
ねずみ・昆虫	6 か月以内ごとに 1 回定期に、被害状況等の調査を実施し、**必要な措置**を講じなければならない。

それでは「**休養室（所）**」に関する出題パターンから確認してみよう。

●「休養室（所）」の出題パターン

①**男性 25 人、女性 25 人**の労働者を常時使用している事業場で、労働者が臥床することのできる**休養室又は休養所を男性用と女性用に区別して設けていない。**（令 3.7 ～ 12）

②常時**男性 5 人と女性 25 人**の労働者が就業している事業場で、女性用の臥床できる休養室を設けているが、**男性用には、休養室の代わりに休憩設備を利用**させている。（令 2.1 ～ 6 ほか）

③常時**男性 35 人、女性 10 人**の労働者を使用している事業場で、労働者が臥床することのできる**男女別々の休養室又は休養所を設けていない。**（令 5.1 ～ 6 ほか）

④男性 5 人及び**女性 30 人**の労働者を常時使用している事業場で、休憩の設備を設けているが、労働者が臥床することのできる**休養室又は休養所を男女別に設けていない。**（令元 .1 ～ 6 ほか）

どの問題も労働者が「①男女合計50人以上」か、「②女性30人以上」の場合、**男女別の休養室（所）を設ける**という知識で解ける。

　パターン①では「**男女合計50人**」なので、**男女別の休養室（所）が必要**だ。それなのに男女別の休養室（所）を設けておらず、**誤っている**。

　パターン②では、**男女を合計しても30人**しかいないので、**男女別の休養室（所）が不要**だ。よって、男性には**休養室の代わりに休憩設備を利用させていてもよい**。正しい。

　パターン③では、**女性が10人**であり、**男女を合計しても45人**なので、**男女別の休養室（所）が不要**だ。よって、休養室（所）を、男性用と女性用に区別して設けていなかったとしても**違反はしていない**ので正しい。

　パターン④では「**女性30人**」なので、この時点で**男女別の休養室（所）が必要**となる。それなのに男女別の休養室（所）を設けていない点で、**誤っている**。

　では次に、**休養室（所）以外**の衛生基準についての出題パターンをまとめて確認していこう。

● 「気積」「換気」その他の衛生基準の出題パターン

①常時**50人の労働者**を就業させている屋内作業場の気積が、設備の占める容積及び床面から4mを超える高さにある空間を除き**400m³**となっている。（令2.1〜6ほか）
② **60人の労働者**を常時就業させている屋内作業場の気積を、設備の占める容積及び床面から3mを超える高さにある空間を除き**600m³**としている。（令4.7〜12ほか）

③労働衛生上の有害業務を有しない事業場において、**窓その他の開口部の直接外気に向かって開放することができる部分の面積**が、**常時床面積の 15 分の 1 である屋内作業場に、換気設備を設けていない。**（令 3.7 ～ 12 ほか）

④事業場に附属する**食堂の床面積**を、食事の際の **1 人**について、**0.5m²**としている。（令 5.1 ～ 6 ほか）

⑤事業場に附属する食堂の**炊事従業員**について、専用の便所を設けているほか、**一般従業員と共用の休憩室を設けている。**（令元.1 ～ 6 ほか）

⑥ねずみ、昆虫等の発生場所、生息場所及び侵入経路並びに**ねずみ、昆虫等による被害の状況**について、**6 か月以内ごとに 1 回、定期に、統一的に調査を実施し、その調査結果に基づき、必要な措置**を講じている。（令 2.1 ～ 6 ほか）

　パターン①と②は「気積」の問題だ。これらは **61 ページの「Study ⑪」**の**労働者数× 10m³ という計算式**で正誤がわかる。**パターン①は、50 人× 10m³ = 500m³** から、問題文の 400m³ では気積が**足りないので誤り**となる。**パターン②は、60 人× 10m³ = 600m³** で、これは条件を満たしているので**正しい。**気積の問題は、全てこの計算式で考えよう。

　次のパターン③は換気の問題だ。換気設備を設けていない場合、開放部の面積は**床面積の 20 分の 1 以上が必要**となる。**問題では「15 分の 1」**となっているので、**条件を満たし、正しい。**

> 20分の1より、15分の1のほうが**大きいぞ！**なお、**パターン③は過去10年間で6回も出題されている。**

　パターン④は、62 ページの「Study ⑫」で触れたとおり、**食堂の床面積**について、**食事の際は 1 人 1m² 以上必要**となるので、**誤っている。**

　パターン⑤は、**炊事従業員**に関する問題だが、衛生面を考慮して、**休憩室と便所はどちらも**専用のものを設ける必要があり、**利用者や一般従業員との共用はできないので、誤っている。**

　パターン⑥は「**ねずみや昆虫等**」に関するもので、これも清潔と安全衛生の問題だ。これも **62 ページの「Study ⑫」** で触れたとおり、問題文は**正しい対応**となっている。

　最後に、**令和 3 年 1 ～ 6 月実施分で新しい出題**があった。要約すると「**男性用小便所の箇所数**は、同時に就業する男性労働者 50 人以内ごとに 1 個以上」というものだ。**正しくは「30 人以内ごとに 1 個以上」**だが、新しい問題は続くことが多いので、覚えておいてほしい。なお、ここは令和 3 年 12 月 1 日施行の改正点だが、内容に実質的な変更はない。

直前に再チェック！

①臥床できる男女別の休養室（所）が必要となる基準は…

➡男女合計 50 人以上、又は、**女性 30 人以上の労働者！**

②労働者 1 人について必要な気積は…　　　　　➡ 10m³ 以上！

➡「労働者数 ×10m³」という計算式で、必要な気積量を求める。

③換気設備がない場合の窓等の開放部の面積は…

➡床面積の **20 分の 1 以上！**

④炊事従業員の休憩室と便所は…

➡**専用のものを設ける（利用者や一般従業員等との共用は不可）！**

⑤ねずみ、昆虫等の調査を行う頻度は…

➡ **6 か月以内ごとに 1 回定期に！**

➡調査結果に基づき、**必要な措置を講じる！**

数字に強い衛生管理者になる！
その2　事務室の空気環境

「事務室の空気環境」は穴埋め問題で出題されることが多い。問題では空欄に各数値を入れられればOKだが、これらはゴロ合わせで攻略してみよう。

😊 7つの数字をゴロ合わせで攻略！

　ここでは関係法令の**「事務室の空気環境」**についての出題パターンを確認する。このテーマでも「数字」を覚えることがポイントだ。

　「事務室の空気環境」の出題頻度は高くはないが、穴埋め問題での数字が問われる出題が多く（過去10年間で7問）、学習しておかないと出題時に対応のしようがない。そして、**覚えるべき数字は多くない**。

　事務室の空気環境については、「事業者は**空気調和設備又は機械換気設備を設けている**場合、**室に供給される空気が以下に適合するように**調整しなければならない」（事務所則5条）としたうえで、事務室の空気環境の調整について、以下のように定めている。

■ Study ⑬　空気環境の調整について

項目	調整基準値
1. 空気中の浮遊粉じん量	0.15mg/m³ 以下
2. 一酸化炭素含有率	100万分の10以下
3. 二酸化炭素含有率	100万分の1,000以下
4. 室内の気流	0.5m/s 以下
5. 室内の気温（努力目標）	18℃以上28℃以下 改正
6. 相対湿度（努力目標）	40%以上70%以下
7. ホルムアルデヒド量	0.1mg/m³ 以下

※ 1.〜6.の測定期間は、原則2か月に1回。P.78も参照。

事務室の空気環境の調整について、覚えるのはこれだけだ。しかし、「**Study ⑬**」の内容はなかなか覚えにくい。そこでゴロ合わせを紹介するが、問題では「**Study ⑬**」で紹介したとおりの単位で出題される。そこで単位もよりどころにして、セットで記憶を強化しよう。

ゴロ合わせ

■一酸化・二酸化炭素の含有率

いっさんが父さん
（一酸化炭素含有率、100 万分の 10 以下）

兄さんはセンちゃん
（二酸化炭素含有率、100 万分の 1,000 以下）

■室内の気温と相対湿度

今日、イヤでもニヤニヤ
（気温、18℃以上 28℃以下）　改正

嫉妬で死なん！
（相対湿度、40% 以上 70% 以下）

■室内の気流、ホルムアルデヒド量

おごそかな桐生
（0.5m/s 以下、室内の気流）

おいおい掘る！
（0.1mg/m³ 以下、ホルムアルデヒド量）

■空気中の浮遊粉じん量

おいっこ、獅子奮迅！
（0.15mg/m³ 以下、浮遊粉じん量）

では、「**事務室の空気環境**」**に関する出題**パターンを確認してみよう。穴埋め問題では冒頭に設問文が入るので、問題文は一部加工している。

● 「事務室の空気環境」の出題パターン（問題文は一部加工）

事務室の空気環境の調整に関する次の文中の ［ ］ **内に入れる数値の組合せとして、法令上、正しいものは（1）～（5）のうちどれか。**

出題パターン①（令5.1～6ほか）

（1）空気調和設備又は機械換気設備を設けている場合は、室に供給される空気が、1気圧、温度25℃とした場合の当該空気中に占める**二酸化炭素の含有率が100万分の** ［ **A** ］ **以下**となるように、当該設備を調整しなければならない。

（2）（1）の設備により室に流入する空気が、特定の労働者に直接、継続して及ばないようにし、かつ、**室の気流を** ［ **B** ］ **m／s以下**としなければならない。

	A	B
(1)	1,000	0.3
(2)	1,000	0.5
(3)	2,000	0.3
(4)	2,000	0.5
(5)	2,000	1

出題パターン②（平25.7～12ほか）

空気調和設備を設けている場合は、室に供給される空気中に占める**一酸化炭素の含有率は、100万分の** ［ **A** ］ **以下**（外気が汚染されているため、困難な場合は**100万分の** ［ **B** ］ **以下**）、また、**二酸化炭素の含有率は100万分の** ［ **C** ］ **以下**となるように、当該設備を調整しなければならない。

	A	B	C
(1)	100	150	5000
(2)	50	30	5000
(3)	50	30	1000
(4)	10	20	5000
(5)	10	20	1000

出題パターン③（平 29.7 ～ 12 ほか）

空気調和設備を設けている場合は、室の**気温が** A ℃以上 B ℃以下**及び相対湿度が** C %以上 D %以下になるように努めなければならない。

	A	B	C	D
(1)	16	28	40	60
(2)	18	28	40	70
(3)	17	28	30	60
(4)	18	27	40	70
(5)	18	27	30	60

出題パターン④（令 3.1 ～ 6）

空気調和設備又は機械換気設備を設けている場合は、室に供給される空気が、次に適合するように当該設備を調整しなければならない。

・1 気圧、温度 25℃とした場合の当該空気 $1m^3$ 中に含まれる**浮遊粉じん量が** A **mg 以下**であること。

・1 気圧、温度 25℃とした場合の当該空気 $1m^3$ 中に含まれる**ホルムアルデヒドの量が** B **mg 以下**であること。

A　(1) 0.5、　(2) 0.5、　(3) 0.5、　(4) 0.15、　(5) 0.15

B　(1) 0.5、　(2) 0.3、　(3) 0.1、　(4) 0.3、　(5) 0.1

これらは全て「Study ⑬」を覚えれば解けるものばかりだ。

パターン①について、(1) は二酸化炭素含有率である。「兄さんはセンちゃん（二酸化炭素含有率、100万分の1,000以下）」である。

そして、(2) は気流についてで、「おごそかな桐生（0.5m/s以下、室内の気流）」ということで、正解は（2）となる。

パターン②は、一酸化・二酸化炭素含有率である。「いっさんが父さん（一酸化炭素含有率、100万分の10以下）、兄さんはセンちゃん（二酸化炭素含有率、100万分の1,000以下）」ということで、空欄Aには10、空欄Cには1,000が入る。よって、本問の正解は（5）となる。

なお、空欄Bについて、100万分の10の空気を供給することが困難な場合は、100万分の20以下となる（事務所則5条）。

この出題パターンが繰り返されているうちは、空欄B部分について、ここまで覚えなくても対応できる。

パターン③は、気温と相対湿度の問題だ。「今日、イヤでもニヤニヤ（気温、18℃以上28℃以下）嫉妬で死なん！（相対湿度、40%以上70%以下）」ということで、（2）が正解だ。

パターン④は、空気中の浮遊粉じん量とホルムアルデヒド量の問題だ。「おいっこ、獅子奮迅！（0.15mg/m²以下、浮遊粉じん量）」、「おいおい掘る！（0.1 mg /m³以下、ホルムアルデヒド量）」いうことで、（5）が正解だ。

この項目では66ページの「Study ⑬」の繰り返しとなるので、「直前に再チェック！」は省略するぞ。

数字に強い衛生管理者になる！ その3　年次有給休暇

「年次有給休暇」に関する問題でも、数字が大いに絡んでくる。
少し面倒なところではあるが、しっかり準備はしておきたい。

😊 2回に1回は出題！ 捨てるわけにいかない年次有給休暇！

　ここでは関係法令の中の**年次有給休暇**についての出題パターンを確認していく。年次有給休暇は**2回に1回の頻度**で出題されており、超頻出というわけでもないが、捨てるわけにもいかない…というところだ。

　年次有給休暇に関する出題パターンは、以下のようになっている。

■年次有給休暇の出題パターン

項目	件数	問題数	出題形式
1. 短時間労働者の付与日数	4	6	選択（5）文章（1）
2. 通常労働者の付与日数	4	6	〃
3. 計画的付与等	3	3	文章正誤
4. 育児・介護休業の出勤率	2	4	〃
5. 管理監督者の扱い	1	1	〃
6. 時効その他	3	6	〃
合計	17	26	〃

　では、内容に入ろう。**年次有給休暇の日数**は、使用者が与えるという意味で**「付与日数」**と言われる。これは労基法で条件が定められている。年次有給休暇の基本となる規定は労働基準法（労基法）39条なので、まずはこの条文から確認しておきたい。

労基法 39 条（年次有給休暇、条文は一部意訳）

1　使用者は、その**雇入れの日から起算して 6 か月間継続勤務**し**全労働日の 8 割以上出勤**した労働者に対して、**継続し、又は分割した 10 労働日の有給休暇**を与えなければならない。

2　使用者は、**1 年 6 か月以上継続勤務**した労働者に対して、**継続勤務年数 1 年ごと**に、前項の日数に、継続勤務年数の**区分に応じ加算した有給休暇**を与えなければならない。

　要するに、**一定の条件（6 か月間の継続勤務等）**をクリアすれば、**まずは 10 日間の年次有給休暇**を取得できる。そして、**その後 1 年ごとに、付与日数が増えていく**というわけだ。その点をまとめた表が以下の「Study ⑭」である。

年次有給休暇の付与は、一般の労働者のほか、**パート・アルバイト・短時間労働者及び管理監督者も対象となる**ぞ。

■ Study ⑭　通常の労働者の年次有給休暇数

①雇入れの日から 6 か月間継続勤務　かつ ②全労働日の 8 割出勤			10 日間		
継続勤務者の加算年次有給休暇数（最大 6 年 6 か月、20 日間）					
1 年 6 か月	2 年 6 か月	3 年 6 か月	4 年 6 か月	5 年 6 か月	6 年 6 か月
11 日間	12 日間	14 日間	16 日間	18 日間	20 日間

　以上が、通常の労働者（基本は、所定労働時間数が**週 5 日以上又は週 30 時間以上**）の付与日数である。**最も少ない取得日数が 10 日間**であり、**最大で 20 日間**という点はまず覚えよう。

そして、1年6か月後から**付与日数が加算**される点の**ゴロ合わせ**は、次のものだ。

ゴロ合わせ

一浪はいいけど、
（1年6か月の継続勤務で11日）

二浪で十二分？
（2年6か月の継続勤務で12日）

六浪までは普通だ！
（6年6か月の継続勤務までは、
　2日ずつ加える）

ところで、平成30年1月～6月から、**短時間労働者（週30時間未満かつ週4日以下）**の付与日数に関する問題が頻繁に出題されるようになった。パターンが繰り返されることから「**Study⑮**」でポイントを紹介しておく。

■ **Study⑮** 短時間労働者（週30時間未満・週4日）の年次有給休暇数

雇入れ日から起算した継続勤務期間と付与日数						
0.5年	1.5年	2.5年	3.5年	4.5年	5.5年	6.5年以上
7日間	8日間	9日間	10日間	12日間	13日間	15日間

大前提として、**通常の労働者となるか、短時間労働者となるかの基準は**労働時間が「**週5日以上又は30時間以上**」（どちらかを満たせば通常）で**あるか否か**である。問題では、この点に注目すること。

また、最後にその他の押さえておきたいポイントも紹介しておく。

■ Study ⑯　年次有給休暇に関するその他のポイント

項目	内容
計画的付与	労使協定で定めた場合、使用者は**年休の5日を超える部分**について、**時季を決めて休暇**を与えることができる。
出勤と取り扱われるもの	①年次有給休暇の取得日、②産前産後の休業期間③育児・介護休業期間、④業務上負傷等休業期間等
休暇の請求権	2年間で時効消滅する。
時間単位の取得	労使協定で定めた場合、年に5日分まで、**労働者は半日単位・時間単位**での取得が可能。

以上が年次有給休暇のポイントだ。出題パターンを確認していこう。

● 「年次有給休暇」の出題パターン（一部の問題文は加工）

①**週所定労働時間が30時間以上**で、**6年6か月継続勤務**し、直近の1年間に、全労働日の**8割以上出勤**した労働者に新たに与えなければならない年次有給休暇の日数は、**18日**である。（平29.1〜6）

②**週所定労働時間が30時間以上**で、雇入れの日から起算して**6年6か月以上継続勤務**し、直近の1年間に、全労働日の**8割以上出勤**した労働者には、**15日**の休暇を新たに与えなければならない。（平27.7〜12ほか）

③**週所定労働時間が30時間以上**で、雇入れの日から起算して**5年6か月継続勤務**した労働者に対して、**その後1年間に新たに与えなければならない年次有給休暇日数**は、法令上、何日か。ただし、その労働者はその直前の1年間に全労働日の**8割以上出勤**したものとする。（平27.1〜6ほか）

（1）16日　（2）17日　（3）18日　（4）19日　（5）20日

④**週所定労働時間が32時間**で、週所定労働日数が4日である労働者であって、雇入れの日から起算して**3年6か月継続勤務**した労働者に

対して、その後1年間に新たに与えなければならない年次有給休暇日数として、法令上、正しいものは（1）～（5）のうちどれか。（平28.7～12）
（1）10日　（2）11日　（3）12日　（4）13日　（5）14日

⑤一週間の**所定労働時間が25時間**で、一週間の**所定労働日数が4日**である労働者であって、雇入れの日から起算して**3年6か月間継続勤務**し、直近の1年間に、全労働日の8割以上出勤したものには、継続し、又は分割した**10労働日**の休暇を新たに与えなければならない。（平30.1～6）

⑥**法令に基づく育児休業又は介護休業**で休業した期間は、出勤率の算定に当たっては、**出勤しなかった**ものとして算出することができる。（平29.1～6ほか）

⑦**休暇の請求権**は、これを**1年間行使しなければ時効によって消滅**する。（平30.1～6ほか）

　まず、**パターン①と②は、ともに誤っている。ともに6年6か月の継続勤務**があるので、**最大に取得できるケース**であり、**正しくは20日**だ。73ページのゴロ合わせを使って計算してもよいが、**年次有給休暇は10日～20日間**という範囲を覚えていたほうが早いと思う。

　次に**パターン③**だが、カンのいい人は、**5年6か月**ならば「**最大6年6か月＝20日**」から**2日引く**と考えるのではないだろうか。つまり、**（3）の18日が正解**だ。

　続く**パターン④**は、「週所定労働日数が4日」という点で迷った人もいるかもしれない。しかし、**「週30時間以上」**である。よって、**通常の労働者**のパターンとなり、継続勤務は3年6か月なので、**（5）の14日が正解**となる。

　そして、**パターン⑤**が「**30時間未満**」の労働時間、1週間の所定労働日数が4日なので、**短時間労働者**のケースとなる。「Study ⑮」から継続勤

務 3 年 6 か月は 10 日となり、正しい内容となる。

短時間労働者のケースが出題されたのは、公表問題では 5 度目である。今後も同じ問題が繰り返される可能性があるので注意しよう。

　　パターン⑥の育児休業・介護休業については、「Study ⑯」から出勤として取り扱われるので、誤っている。なお、このパターン⑥は過去 10 年間で 4 回出題されている。

　　最後のパターン⑦について、年次有給休暇の請求権は 2 年間で時効消滅する。よって、1 年間としている本問は誤っている。なお、このパターン⑦は過去 10 年間で 4 回出題されている。

パターン⑥と⑦は、繰り返し問われている出題パターンなので、無条件で覚えておこう！

直前に再チェック！

①「通常の労働者」の 1 年 6 か月以降の加算付与日数は？

➡ 1 年ごとに 11 日、12 日、14 日、16 日、18 日、20 日。

②「短時間労働者」が 3 年 6 か月継続勤務すると、年次有給休暇を何日間取得できる？　　　　　　　　　　　　　　　➡ 10 日間！

③育児休業又は介護休業で休業した期間は、年次有給休暇の取得に関して、出勤と扱われる？　　　　　　　　　　　➡扱われる！

④年次有給休暇の請求権は、何年で時効消滅する？

➡ 2 年間！

いつ行うかが勝負！設備の点検等

事務所等に設置される機械設備等は、点検・清掃等を行わなければならない。これらは「いつ行うか」を押さえれば対応できる！

これらを「いつ行うか」で勝負は決まる！

　ここでは関係法令における**「設備の点検等」**についての出題パターンを確認する。このテーマはここまでのものと比べると少し重要度は下がるが、ちょくちょく出題されるテーマだ。

　事業者が、労働者の作業場や事務室に空調設備や燃焼設備等を設けているときは、快適な職場環境の維持のために必要な措置が求められている。具体的には、空気環境の調整や設備点検が一定の基準で定められているのだ。

　そして、衛生管理者は定期巡回等を通して、設備、作業状況、衛生状態などを把握し、設備の点検期限やサポートや清掃の助言、改善を行うことができる。

　ここではそのうちの**事務室の設備や器具の点検、空気環境の測定期間**の話をメインとしているが、この点については、事務所則6条〜10条において、様々な規定が設けられており、この辺の決まりをまとめたのが次ページの**「Study ⑰」**だ。

> このテーマについて、**最終的には次ページの「Study ⑰」を覚えればよい！**

■ Study ⑰　設備の点検等のポイント

項目	内容	期間
燃焼器具	異常の有無の点検（発熱量が著しく少ないものを除く）	毎日
照明設備	点検	6か月に1回
機械換気設備	異常の有無の点検	2か月に1回
中央管理方式の空調の事務室	$CO \cdot CO_2$ 含有率、室温、外気温、相対湿度の測定	2か月に1回
事務所のホルムアルデヒド濃度	建築、大規模修繕・模様替えを行ったとき、使用開始以後に濃度を測定	所定期間に1回
空気調和設備	病原体による室内空気の汚染防止のために行う	
排水受け※	汚れ及び閉塞の状況点検	1か月に1回
加湿装置※	汚れの状況点検	1か月に1回
冷却塔・冷却水※	汚れの状況点検	1か月に1回
冷却塔・冷却水の水管、加湿装置※	清掃	1年に1回

※これらは空気調和設備の装置等。必要に応じて清掃等を行う必要もある。

　なお、**空気調和設備**とは、空気を浄化し、**温度**や空気の流量を調節・供給できる設備のことで、**機械換気設備**とは、空気を浄化し、空気の流量を調節・供給できる設備のことだ。試験対策上は、この辺を正確に覚えていなくても大丈夫だ。

> ここでの出題内容について、**「何を行うか」**という点で誤っている問題は出ていない。なので、行う**期間を覚えれば対応できる**はずだ！

　覚えることが多いので、いくつかゴロ合わせを紹介しよう。

ゴロ合わせ

■燃焼器具と照明設備について

ストーブを毎日つける小6
（燃焼器具は毎日点検、
　照明設備は6か月に1回点検）

■中央管理方式と機械換気設備について

2か所の中央管理なんて、聞かん！
（2か月に1回、中央管理方式
　の空気調和設備のある事務室、機械換気設備）

■空気調和設備の排水受け、冷却塔・冷却水、加湿装置について

冷却期間に
（冷却塔・冷却水）

はい、加湿は1回！
（排水受け、加湿装置、1か月に1回）

■ホルムアルデヒド濃度の測定について

しょって1回、掘るのぅ～。
（所定期間に1回、ホルムアルデヒド濃度の測定）

　上記に加えて、**空気調和設備の「冷却塔・冷却水の水管や加湿装置の清掃」** については、**1年**と別途覚えておこう。では、これらの内容の出題パターンを確認していく。

● 「設備の点検」等の出題パターン

①**燃焼器具**を使用するときは、発熱量が著しく少ないものを除き、**毎日**、異常の有無を点検しなければならない。（令 4.1 〜 6 ほか）

②事務室の**照明設備**については、**6 か月以内**ごとに 1 回、定期に、点検しなければならない。（平 29.1 〜 6 ほか）

③**中央管理方式の空気調和設備**を設けている建築物の事務室については、**6 か月以内**ごとに 1 回、定期に、空気中の一酸化炭素及び二酸化炭素の含有率を測定しなければならない。（令 2.1 〜 6 ほか）

④**機械による換気のための設備**について、**6 か月以内**ごとに 1 回、定期に、異常の有無を点検しなければならない。（平 27.7 〜 12 ほか）

⑤**空気調和設備内**に設けられた**排水受け**については、原則として、**2 か月以内**ごとに 1 回、定期に、その汚れ及び閉塞の状況を点検しなければならない。（令 4.7 〜 12 ほか）

⑥**空気調和設備の加湿装置**については、原則として、**2 か月以内**ごとに 1 回、定期に、その汚れの状況を点検しなければならない。（令 4.7 〜 12 ほか）

⑦**空気調和設備の冷却塔及び冷却水**については、原則として、**1 か月以内**ごとに 1 回、定期に、その汚れの状況を点検し、必要に応じ、その清掃及び換水等を行わなければならない。（令 4.7 〜 12 ほか）

⑧**空気調和設備の冷却塔、冷却水の水管及び加湿装置の清掃**を、それぞれ**1 年以内**ごとに 1 回、定期に、行わなければならない。（平 23.7 〜 12）

⑨事務室の建築、大規模の修繕又は大規模の模様替を行ったときは、その事務室における空気中の**ホルムアルデヒドの濃度**を、その事務室の使用を開始した日以後**所定の時期に 1 回**、測定しなければならない。（令 4.1 〜 6 ほか）

パターン①と②は、「ストーブを毎日つける小 6（燃焼器具は毎日点検、照明設備は 6 か月に 1 回点検）」ということで、**どちらも正しい。**

過去10年間でパターン①は13回、パターン②は4回も出題されているぞ！

　パターン③は「**中央管理方式の空気調和設備を設けている建築物の事務室**」の話だ。「**2か所の中央管理なんて、聞かん！（2か月に1回、中央管理方式の空気調和設備のある事務室、機械換気設備）**」ということで、**2か月に1回の測定**となり、**誤っている**。

　そして、**パターン④は「機械換気設備」**の話だが、上記のゴロ合わせから、やはり**2か月に1回の測定**となり、**誤っている**。

　パターン⑤〜⑦は、**空気調和設備の排水受け、加湿装置、冷却塔・冷却水**についてだ。「**冷却期間に（冷却塔・冷却水）はい、加湿は1回！（排水受け、加湿装置、1か月に1回）**」ということで、**パターン⑤と⑥は誤り、パターン⑦は正しい**。

　そして、**注意したいのがパターン⑧**である。これは空気調和設備における「**冷却塔、冷却水の水管及び加湿装置の清掃**」であり、これは**1年以内に1回**となるのだ。結論として、**正しい**。

■**空気調和設備の点検・清掃について**

排水受け…1か月に1回	
加湿装置…1か月に1回	⎫
	⎬ 点検
（単なる）冷却塔・冷却水…1か月に1回	⎭

ここの違いに注意！

冷却塔・冷却水の水管、加湿装置…1年に1回…清掃

最後の**パターン⑨**は「**ホルムアルデヒド濃度**」の話だが、これは「**しょって 1 回、掘るのぅ～。（所定期間に 1 回、ホルムアルデヒド濃度の測定）**」から、**正しい内容**となる。

> **ホルムアルデヒド濃度**については、**過去 10 年間で 6 回も出題**されている。

　以上である。覚えるものが多いだけで、簡単な問題ばかりだ。ここで紹介したゴロ合わせも駆使して、本試験では得点源にしてほしい。なお、記憶を強化するために、下の再チェックでは問い方を変えてみる。

直前に再チェック！

ここで紹介した各種設備の点検等について…

①毎日行うものは…　　　　　　　　　　　　　　　　　➡燃焼器具！

②1 か月に 1 回行うものは…
　　　　➡空気調和設備における排水受け、加湿装置、冷却塔・冷却水！

③2 か月に 1 回行うものは…
　　　　　　　➡機械換気設備、中央管理方式の空調の事務室！

④6 か月に 1 回行うものは…　　　　　　　　　　　　➡照明設備！

⑤所定の期間で行うものは…　　　　　　➡ホルムアルデヒド濃度！

⑥1 年に 1 回の清掃を行うものは…
　　　　➡空気調和設備における冷却塔・冷却水の水管、加湿装置！

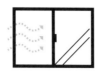

Part 2
労働衛生のパターン攻略

労働衛生「御三家」の1つ！温熱環境を攻略せよ！

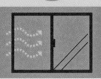

労働衛生の科目において「温熱環境」は毎回のように出題される頻出テーマだ。ここで紹介する知識を押さえて試験に臨もう！

「温熱環境」「換気量」「採光・照明」が御三家！

ここからは「**労働衛生**」の科目の話に入る。この労働衛生の科目において、**御三家と言える頻出テーマ**がある。それが、毎回問11〜問13あたりで出題される「**温熱環境**」「**換気量**」「**採光・照明**」だ。

もちろん、第2種衛生管理者試験における「御三家」という言葉はどこにもなく、筆者が遊び心で付けた名前ではあるが、それだけこの3つのテーマはよく出題されているということだ。ではさっそく、まずは「**温熱環境**」について、内容に入ろう。

まずは「4つの環境要素」と「2つの指標」を覚える！

そもそも**温熱環境**とは、労働者が**快適な状態**で作業を行うことができる温湿度の環境条件のことだ。「暑くもなく寒くもない」快適な状態を**至適温度**といい、この至適温度は、作業内容や労働者の性別や年齢などで異なってくる。

この温熱環境を考える際の基礎となる**4つの要素**が、気温、湿度、気流、**放射熱（ふく射熱）**であり、また、適切な温熱環境であるかを検討する際に利用する**2つの指標**が「**実効温度**」と「**WBGT**」である。

なお、指標については、修正実効温度や不快指数というものもあるが、試験対策上はさほど重要ではないので、ここでは省略する。

■ Study ⑱　温熱環境の４つの要素

気温	湿度	気流	放射熱（ふく射熱）

■ Study ⑲　温熱環境を考える２つの指標

実効温度	人の温熱感に基礎を置いた指標。**感覚温度**ともいう。 気温、湿度、気流の**３要素**で表す。 　→**放射熱（ふく射熱）は含まない！** 　→実効温度に、放射熱（ふく射熱）を含めたものを「修正 　　実効温度」という。 **乾球**温度、**自然湿球**温度で求める。
WBGT	**暑熱環境の熱ストレス**を評価する指標。 この**指数が高く**なると、**リスク**が高くなることを意味する。 **乾球**温度、**自然湿球**温度、**黒球**温度で求める。

　なお、表中の**「乾球温度」**とは、いわゆる**気温**であり、これは乾球温度計で測定できる。

　一方、**「自然湿球温度」**は、**水に濡れているガーゼの温度**と考えればよい。これは湿球温度計で計測するが、湿球温度計の球部は水で濡れたガーゼで包まれている。水は蒸発する際に熱を奪うので、乾球温度よりも「湿球温度」のほうが温度は低くなる。空気が乾燥しているほど、水分が蒸発しやすく、湿球温度が低くなるのだ。乾球温度計と湿球温度計の温度差が大きいほど、乾燥している（＝湿度が低い）ことになる。

　また、**「黒球温度」**とは、**放射熱（ふく射熱）を測定した温度**だ。黒球温度計は、放射熱（ふく射熱）を吸収するようなつくりとなっている。

この辺の用語の意味が問われることはないが、知らない言葉は気持ちが悪いと思うので、解説しておいたぞ。

では、「温熱環境」の４つの要素のゴロ合わせを紹介しておこう。

 ゴロ合わせ

音感がよく
（温熱環境、４つの**要素**）

気質の熱い、流れ者
（気温、湿度、放射熱（ふく射熱）、気流）

😷 「WBGT の計算式」は必ず覚える！

　「Study ⑲」の知識に加えて、**WBGT の計算式**は必ず覚えておこう。これはそのまま出題される。なお、下の計算式は赤字部分を押さえれば対応できる。つまり、**途中の「×」とか「＋」の部分までは問われていない**ので、安心してほしい（88 ページの出題パターン⑦を参照）。

■ Study ⑳　WBGT の計算式

①日射がある場合

　0.7× 自然湿球温度＋ 0.2 ×黒球温度＋ 0.1 ×乾球温度

②日射がない場合

　0.7× 自然湿球温度＋ 0.3 ×黒球温度

上の「日射がある（ない）場合」という表現は、令和３年の改正点だ。なお、内容に変更はない。

ゴロ合わせ

太陽カンカン！
（日射がある場合）

ナニイ〜！
（0.7、0.2、0.1）

湿った黒スーツで勘弁して！
（自然湿球温度、黒球温度、乾球温度）

太陽当たらナイサ〜！
（日射がない場合、0.7、0.3）

　ということで、ここまでの内容を押さえていれば温熱環境については、ほぼほぼ正解できる。出題パターンを確認していこう。

● 「温熱環境」の出題パターン（一部改題）

①温度感覚を左右する**環境条件**は、**気温、湿度、気流及びふく射（放射）熱の四つの要素**によって決まる。（令2.7 〜 12 ほか）

②実効温度は、**人の温熱感**に基礎を置いた指標で、**気温、湿度及び気流**の総合効果を温度目盛りで表したものである。（令2.7 〜 12 ほか）

③ **WBGT** は、暑熱環境による**熱ストレスの評価**に用いられる指標で、**日射がある**場合は、**自然湿球温度、黒球温度及び乾球温度**の測定値から算出される。（令4.1 〜 6 ほか）

④ **WBGT** は、**気温、黒球温度及びエネルギー代謝率**から求められる指標で、高温環境の評価に用いられる。（平27.1 〜 6 ほか）

⑤相対湿度とは、**空気中の水蒸気圧とその温度における飽和水蒸気圧との比**を百分率で示したものである。（令4.7 〜 12 ほか）

⑥高温多湿作業場所において**労働者を作業に従事**させる場合には、計画的に、**熱への順化期間を設ける。**（平 30.1 ～ 6 ほか）

⑦ WBGT に関する次の文中の A から D の数値の組合せとして、正しいものは（1）～（5）のうちどれか。（平 24.7 ～ 12、問題文を一部省略）

日射のある場合：

WBGT ＝ A ×自然湿球温度＋ B ×黒球温度＋ 0.1 ×乾球温度

日射のない場合：

WBGT ＝ C ×自然湿球温度＋ D ×黒球温度

	A	B	C	D
（1）	0.6	0.3	0.8	0.2
（2）	0.7	0.2	0.7	0.3
（3）	0.7	0.2	0.8	0.2
（4）	0.8	0.1	0.7	0.3
（5）	0.8	0.1	0.9	0.1

パターン①は、**温熱環境の基礎となる 4 つの要素**の話だ。これは「**音感がよく（温熱環境、4 つの要素）気質の熱い、流れ者（気温、湿度、放射熱（ふく射熱）、気流）**」から**正しい。**この出題パターンは過去 10 年間で 5 回も出ている。

パターン②は、**実効温度**の話だ。これも「**Study ⑲**」から**正しい**とわかるであろう。この出題パターンは過去 10 年間で 5 回も出ているので、しっかりと押さえておこう。

パターン③と④は、WBGT の話だ。パターン③については「**太陽カンカン！（日射がある場合）ナニイ〜！（0.7、0.2、0.1）湿った黒スーツで勘弁して！（自然湿球温度、黒球温度、乾球温度）**」というゴロ合わせから**正しい**ことがわかる。

　しかし、**パターン④**については「エネルギー代謝率」という言葉が突然出てくる。これは**誤っている**が、見たことのない言葉が出てきた場合は、やはり疑ってかかったほうがよさそうだ。ちなみに、パターン③と④を合わせて、過去 10 年間で 4 回も出題されている。

　パターン⑤の「**相対湿度**」については、ここまでで説明していないので、解説を付け加えよう。**相対湿度**とは、空気中の**水蒸気量（分圧）**とそのときの温度における**飽和水蒸気量（圧）**との比（**百分率**）のことで、一般的に言う場合の**湿度**がこれに当たる。**本問は正しい。**

この相対湿度の問題は、**過去 10 年間で 4 回も出題**されているので、追加知識として押さえておいてほしい。

　次に**パターン⑥**であるが、この点についても触れていなかったものの、常識的に考えて解けるのではないだろうか。結論として、**正しい**。頻出のパターンではないが、一読しておいてほしい。

　そして、最後の**パターン⑦**が WBGT の計算式だ。やはり、「**太陽カンカン！（日射がある場合）ナニイ〜！（0.7、0.2、0.1）湿った黒スーツで勘弁して！（自然湿球温度、黒球温度、乾球温度）**」というゴロ合わせから、**空欄 A** には「**0.7**」、**空欄 B** には「**0.2**」が入ることがわかる。

　また、**日射のない場合**は、「**太陽当たらナイサ〜！（日射がない場合、0.7、0.3）**」ということで、**空欄 C** には「**0.7**」、**空欄 D** には「**0.3**」が入り、**正解は（2）**となる。

ちなみに、**この手の WBGT の計算式の穴埋め問題**が出た場合、ゴロ合わせの「**ナニイ～！（0.7、0.2、0.1）**」と「**ナイサ～！（0.7、0.3）**」の印象が残っていれば、問題で「**0.6**」や「**0.8**」といった違和感のある数値が入っている**選択肢を消去**することで、解くこともできる場合がある。

	A	B	C	D
(1)	0.6	0.3	0.8	0.2
(2)	0.7	0.2	0.7	0.3
(3)	0.7	0.2	0.8	0.2
(4)	0.8	0.1	0.7	0.3
(5)	0.8	0.1	0.9	0.1

変な数値を見つければ、**消去法**を用いて正解できるぞ！

もしパターン⑦がそのまま繰り返し出題された場合は、こんな手を使ってみる価値もあろう。

直前に再チェック！

①温熱環境の４つの要素は…

➡気温、湿度、気流、放射熱（ふく射熱）！

②実効温度の３つの要素は… ➡気温、湿度、気流！

③WBGT の計算式、日射がある場合は…

➡ 0.7 ×自然湿球温度＋ 0.2 ×黒球温度＋ 0.1 ×乾球温度！

④WBGT の計算式、日射がない場合は…

➡ 0.7 ×自然湿球温度＋ 0.3 ×黒球温度！

「必要換気量の算出式」だけ で換気量の問題は解ける！

御三家の１つ「必要換気量」に関する問題は、「必要換気量の 算出式」を押さえていれば、まず間違いなく正解できる！

 出題パターンは７つでも「必要換気量の算出式」が柱！

「労働衛生」の２つ目のテーマ、**「必要換気量」**についての話をしよう。 これも労働衛生の科目において、御三家と言える頻出テーマの１つだ。

換気量とは、**事務所等で１時間に室内に取り入れられる空気量（m^3/ h で表す）**のことだ。人は酸素（O_2）を吸って、二酸化炭素（CO_2）を呼出す るが、換気がよくないと事務所内の CO_2 濃度が高くなる。この **CO_2 濃度を 一定以下にする**ために必要な換気量の最小値を必要換気量という。

この必要換気量は CO_2 濃度を基に算出され、その基準は室内 CO_2 濃度： 0.1％、外気の CO_2 濃度：0.03（〜 0.04）％である。試験では、この数字の確 認問題が出る。必要換気量の過去 10 年間の出題パターンも紹介しておこう。

■必要換気量の出題パターン

出題項目	数値選択		文章問題		占有率
	件数	問題数	件数	問題数	
1. 正しい必要換気量算出式	2	6	2	4	29%
2. 必要換気量算出式の数値	3	3	0	−	9%
3. 人数別最低必要換気量	2	2	0	−	6%
4. 在室可能な最大人数	1	4	0	−	11%
5. 呼気成分	0	−	2	4	11%
6. O_2、CO_2 基準濃度	0	−	5	9	26%
7. 必要換気量とは	0	−	1	3	9%
計	8回	15問	10回	20問	−

出題内容の**4割近くが必要換気量の算出式**（前ページ表中1と2）**に関する問題**だ。文章問題も後の出題パターンを見れば同じ内容が問われていることがわかる。**必要換気量の算出式**を徹底的に覚えれば、文章問題も含めて、**このテーマは100%解答できる**分野である！

　　　必要換気量について、前ページ表は7つの項目に分けていたが、表中1〜4の**「必要換気量の算出式」**に絡む問題は**このテーマの55%**を占めている。

　ということで、必要換気量の算出式を覚えてしまえばよいのだが、それが以下のものである。

■ Study ㉑　必要換気量の算出式（算出の基礎は CO_2）

$$\frac{\text{室内にいる人（全員）が 1 時間に呼出する } CO_2 \text{ 量（m}^3/ \text{h）}}{\text{室内 } CO_2 \text{ 基準濃度（0.1%）} - \text{外気の } CO_2 \text{ 濃度（0.03%）}} \times 100$$

➡これを簡略化すると…

　＝室内（人）呼出量（m³/h）÷（室内基準 0.1% − 外気 0.03%）× 100

＜メモ＞　数値を求める問題では、分母の「**%**」が「**ppm**」となることがある。

　　　　　「1ppm ＝ 0.0001%」であり、0.1% ＝ 1,000ppm、0.03% ＝ 300ppm である。

　　　　　数値を求める場合は、**単位を%にそろえよう**。

◆チョットした知識！　〜呼気・吸気の成分

・呼気の成分中、酸素濃度は約 16%、二酸化炭素濃度は約 4%。

・吸気の成分中、酸素濃度は約 21%、二酸化炭素濃度は約 0.03 〜 0.04%。

「**必要換気量の算出式**」のゴロ合わせは、以下のものである。

ゴロ合わせ

室内に呼び出し
（室内呼出量）

「悪いが内気なガッキーさん、
引き気味に 100 メートル駆けろ！」

（÷、室内基準 0.1％－外気 0.03％ × 100）

ここで覚えるべきポイントはこれだけなので、出題パターンの確認に入ろう。

● 「必要換気量」の出題パターン

① 事務室における必要換気量Q（m³/h）を算出する式として、正しいものは（1）～（5）のうちどれか。ただし、AからDは次のとおりとする。（令2.1 ～ 6 ほか）

A　室内二酸化炭素濃度の測定値（％）

B　室内二酸化炭素基準濃度（％）

C　外気の二酸化炭素濃度（％）

D　在室者全員が 1 時間に呼出する二酸化炭素量（m³/h）

（1）$Q = \dfrac{D}{A - B} \times 100$ 　　（2）$Q = \dfrac{D}{A - C} \times 100$

（3）$Q = \dfrac{D}{B - C} \times 100$ 　　（4）$Q = \dfrac{D}{A - B} \times 1{,}000{,}000$

(5) $Q = \dfrac{D}{B - C} \times 1{,}000{,}000$

②事務室における必要換気量 Q（m³/h）を算出する式として、正しい
　ものは（1）〜（5）のうちどれか。ただし、A から D は次のとおり
　とする。（平 26.1 〜 6 ほか）

A　室内二酸化炭素濃度の測定値（％）

B　室内二酸化炭素基準濃度（％）

C　外気の二酸化炭素濃度（％）

D　在室者全員が呼出する二酸化炭素量（m³/h）

(1) $Q = D \times \dfrac{A}{B}$　　　　　(2) $Q = D \times \dfrac{B}{C}$

(3) $Q = \dfrac{D}{A - B} \times 100$　　　(4) $Q = \dfrac{D}{A - C} \times 100$

(5) $Q = \dfrac{D}{B - C} \times 100$

③室内に 11 人の人が入っている事務室において、二酸化炭素濃度
　を 1,000ppm 以下に保つために最小限必要な換気量（m³/h）に最
　も近いものは次のうちどれか。ただし、外気の二酸化炭素濃度を
　400ppm、室内にいる人の 1 人当たりの呼出二酸化炭素量を 0.02m³/
　h とする。（令 4.7 〜 12 ほか）

(1) 19m³/h　　(2) 37m³/h　　(3) 190m³/h

(4) 370m³/h　　(5) 740m³/h

④必要換気量の算出に当たっての室内二酸化炭素基準濃度は、通常、
　1 ％とする。（平 27.1 〜 6）

⑤在室者が 26 人の事務室において、二酸化炭素濃度を 1,000 ppm 以下に保つために最小限必要な換気量（m^3/h）に最も近いものは次のうちどれか。ただし、在室者が呼出する二酸化炭素量は 1 人当たり 0.018m^3/h、外気の二酸化炭素濃度は 300 ppm とする。（平 23.7 〜 12）

(1) 110　　(2)160　　(3)260　　(4)470　　(5)670

⑥事務室内において、空気を外気と入れ換えて二酸化炭素濃度を 1,000ppm 以下に保った状態で、在室することのできる最大の人数は次のうちどれか。ただし、外気の二酸化炭素濃度を 400ppm、外気と入れ換える空気量を 600 m^3/h、1 人当たりの呼出二酸化炭素量を 0.016 m^3/h とする。（令 4.1 〜 6 ほか）

(1) 10 人　　(2) 14 人　　(3) 18 人　　(4) 22 人　　(5) 26 人

⑦人間の呼気の成分の中で、酸素の濃度は約 16％、二酸化炭素の濃度は約 4 ％である。（令 3.7 〜 12 ほか）

　これらが出題パターンのほぼ全てであり、どれもが必要換気量の算出式とつながっている。「Study㉑」の式をそのまま覚えていれば正解できるが、簡略式やゴロ合わせも使って、正誤を判断してほしい。

　パターン①は、**必要換気量の算出式**の基本を問うものだが、よく出る問題だ。ゴロ合わせを使って解いてみよう。

「室内に呼び出し（室内呼出量）、『悪いが内気なガッキーさん、引き気味に 100 メートル駆けろ！』（÷、室内基準 0.1％－外気 0.03％× 100)」

　ということで、**最後が「× 1,000,000」**（←単位が ppm のもの）となっている**(4) と (5) は誤っている**。

　そして、残った**(1) 〜 (3)** の算出式で異なるのは**分母**の部分だ。ここ

に入るのは「室内基準 0.1％－外気 0.03％」で「B － C」であり、(3)
が正解となる。

　パターン②も同じ解き方でよい。最後の「× 100」で選択肢は (3) ～ (5)
に絞られ、異なるのは分母という流れで、(5) が正解となる。

　パターン③は実際の計算を行う。単位に ppm が入っているが「Study ㉑」
の＜メモ＞に書いたように、単位を％にそろえよう。
　「1ppm ＝ 0.0001％（0.1％ ＝ 1,000ppm、0.04％ ＝ 400ppm）」
であり、算出式は以下のようになる。

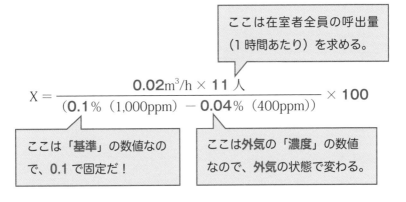

これを計算すれば、$X ≒ 367 \ m^3/h$ となり、(4) が正解となる。

　パターン④はわかるだろう。室内 CO_2 基準濃度は 0.1％だから、1％と
する本問は誤っている。

　パターン⑤は、パターン③と同じだ。算出式は、

$$X = \frac{0.018m^3/h × 26 人}{(0.1％（1,000ppm）－ 0.03％（300ppm））} × 100$$

となり、これを計算すると**X ≒ 669m³/h** となるので、**(5) が正解**となる。

　パターン⑥は、**算出式の人数**のところをXにすればよい。

$$600 = \frac{0.016\text{m}^3/\text{h} \times \text{X 人}}{(0.1\%（1,000\text{ppm}） - 0.04\%（400\text{ppm}）)} \times 100$$

となり、これを計算すると **X ≒ 22.5人** となり、小数点以下は切り捨てるため、**(4) が正解**となる。

　パターン⑦は「**Study㉑**」の「**チョットした知識！**」で紹介したものだ。**問題文のとおり**であり、**正しい**。

　以上が必要換気量の話だが、「必要換気量の算出式」を押さえていれば、攻略できることはわかろう。最後にもう一度、算出式を確認して終わっておこう。

✊ ┈┈┈┈┈┈┈┈┈┈┈
直前に再チェック！ ◀━━━━━━━━━━┓

┃　①「必要換気量の算出式」は…
┃
┃　**室内にいる人（全員）が1時間に呼出するCO₂量(m³/h)** × 100
┃　**室内CO₂基準濃度(0.1%)−外気のCO₂濃度(0.03※%)**
┃
┃　　　　　　　　　　　　　　　　　※ 0.04 のこともある。
┃
┃　➡**これを簡略化すると…**
┃　　　＝**室内（人）呼出量（m³/h）÷（室内基準0.1% − 外気0.03%）**
┃　　　　**× 100**
┗━━━━━━━━━━━━━━━━━━━━━━━━━━━━━━┛

①「必要換気量の算出式」は…

室内にいる人（全員）が1時間に呼出するCO_2量(m³/h)
──────────────────────────── × 100
室内CO_2基準濃度(0.1%)−外気のCO_2濃度(0.03※%)

※ 0.04 のこともある。

➡**これを簡略化すると…**
　＝**室内（人）呼出量（m³/h）÷（室内基準0.1% − 外気0.03%）**
　　× 100

２つの知識で、半分近くの学習が終了！（採光・照明）

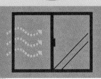

「採光・照明」も頻出テーマである。出題パターンを分析すると、２つの知識を押さえることで、半分近くの学習が終わる。

😊 ２つの知識に関する問題の占有率が41％！

　ここでは労働衛生の科目における御三家の最後、**自然（太陽光）が相手の「採光」**と、**人工による「照明」**についての出題パターンを確認する。これらは作業場所に関するものが中心だが、**常識的な判断も有効**となるケースが多く、その辺も頭に入れておいてほしい。

■「採光・照明」の出題パターン

項目	件数	問題数	占有率
1. 全般照明の照度の割合	8	18	21%
2. 前方から明かりを取る視線の角度	5	17	20%
3. 1ルクスの光源からの距離	3	12	14%
4. 立体感のある作業	2	8	9%
5. 部屋の彩色	3	11	13%
6. 室内の彩色の調節	1	8	9%
7. その他	5	11	13%
計	27	85	－

　なお、5.の「部屋の彩色」と6.の「室内の彩色の調節」は同じ項目に思えるかもしれないが、「部屋の彩色」は明るさのバランスを問うもので、目の高さの上下の明るさを考えるものだ。

　一方、「室内の彩色の調節」は、色の鮮やかさによる影響といったものを問う内容ということで、項目を分けている。

まず、事前知識として各種用語をまとめておく。そして、そのまま「採光・照明」に関する「Study ㉒」も掲載する。

■「採光・照明」に関する用語のまとめ

用語	内容等
1 ルクス	明るさの単位（lx）。1 カンデラの光源から 1 mの所で、その光に直角な面が受ける明るさに相当。
明度	物体面の**明るさ**。 室内の**彩色**で、**明度を高く**すると照度を上げる効果がある。
彩度	色の鮮やかさの度合い。室内の**彩色を高く**しすぎれば、**交感神経の緊張を招き、長時間いると疲労を招く。**
直接照明	光が作業面に**直接当たる**。強い影を作る。工場用。
間接照明	光を天井や壁に**反射**させる。グレアが少なく、事務作業用。 ※グレアとは、まぶしい、見にくいと感じる、視野の極端に明るい点や面のこと。
全般照明	**作業場全体**の照明
局部照明	**視作業に必要な範囲のみ**の照明

■ Study ㉒ 「採光・照明」のポイント

項目	条件	要素
全般照明の照度の割合 （作業室全体の明るさ）	**局部照明と併用**の場合	局部照明の 10 分の 1以上
視線の角度 （前方から明かりを取るとき）	眼と光源を結ぶ線と視線とで作る**角度**	30°以上
部屋の彩色	**目の高さ以下**の壁面	濁色
	目より上方の壁や天井	明るい色
作業場の照度（ルクス）	①精密な作業 ②普通の作業 ③粗な作業	300 lx 以上 150 lx 以上 70 lx 以上

98ページの出題パターン表のとおり、「**全般照明の照度の割合**」と「**前方から明かりを取る視線の角度**」の出題率を合計すると、**占有率は41%**となる。この2つのテーマに関する数値は、無条件に覚えておくのが得策だ。「**Study ㉒**」と同じだが、あえてもう一度強調しておく。

> 「**全般照明の照度の割合、局部照明の10分の1以上**」
> 「**視線の角度30°以上**」

では、彩色のゴロ合わせも紹介して、出題パターンの確認に入ろう。

ゴロ合わせ

目下いだくのは
（目の高さ以下、濁色）

目上の人の明るさだ！
（目より上方、明るい色）

● 「採光・照明」の出題パターン

①全般照明と局部照明を併用する場合、全般照明による照度は、局部照明による照度の**5分の1程度**としている。（令4.1〜6ほか）

②全般照明と局部照明を併用する場合、全般照明による照度は、局部照明による照度の**15分の1以下**になるようにする。（平29.1〜6ほか）

③作業室全体の明るさは、作業面の局部照明による明るさの**10%以下**になるようにする。（平25.7〜12ほか）

④前方から明かりを取るときは、眼と光源を結ぶ線と視線とで作る角度を**40°程度**としている。（令2.7〜12ほか）

⑤前方から明かりをとるときは、まぶしさをなくすため、眼と光源を結ぶ線と視線が作る角度は、おおむね**30°以上**になるようにする。（平29.1 ～ 6 ほか）

⑥前方から明かりをとるとき、目と光源を結ぶ線と視線とが作る角度は、**30°以下**になるようにする。（平27.7 ～ 12 ほか）

⑦部屋の彩色として、**目の高さ以下**は、まぶしさを防ぎ安定感を出すために**濁色**とし、**目より上方の壁や天井**は、**明るい色**を用いるとよい。（令3.1 ～ 6 ほか）

⑧部屋の彩色に当たり、**目の高さから上の壁及び天井**は、まぶしさを防ぐため**濁色**にするとよい。（平29.1 ～ 6 ほか）

⑨室内の彩色で、**明度を高く**すると光の反射率が高くなり**照度を上げる効果**があるが、彩度を高くしすぎると**交感神経の緊張により疲労を招きやすい**。（令2.7 ～ 12 ほか）

⑩**あらゆる方向から同程度の明るさの光**がくると、見るものに**影ができなくなり、立体感がなくなってしまう**ことがある。（令2.1 ～ 6）

⑪北向きの窓では、**直射日光はほとんど入らないが一年中平均した明るさ**が得られる。（令3.7 ～ 12 ほか）

⑫**採光**とは、**太陽光線により室内の明るさを得ること**である。（平27.1 ～ 6）

⑬**照度の単位はルクス**で、**1ルクスは光度1カンデラの光源から3m離れた所**で、その光に直角な面が受ける明るさに相当する。（平27.7 ～ 12）

⑭照明設備は、**1年以内ごとに1回、定期に点検**し、異常があれば**電球の交換**などを行っている。（令4.1 ～ 6）

パターン①～③は、**全般照明と局部照明を併用**する場合の話だ。この場合、**全般照明による照度は、局部照明の10分の1以上**とする。

ここで早とちりしないでほしいことは、**パターン①の「5分の1程度」**

という記述だ。全般照明が局部照明の5分の1程度ということは、**10分の1「以上」**になっているので**正しい**のだ。なお、**パターン②と③が誤っている**ことはわかるであろう。

　同じことが**パターン④の前方から明かりを取る**ときの、眼と光源を結ぶ線と**視線**とで作る角度についてもいえる。**この角度は30°以上**にすべきで、**問題文の「40°程度」は、30°以上**となっており（角度が広い）**正しい**のだ。そして、**パターン⑤は正しく、パターン⑥は誤っている**。

過去10年間において、**パターン④〜⑥**の問題が合わせて**17回**も出題されているぞ！

　次に彩色に関する**パターン⑦と⑧**だが、「**目下いだくのは（目の高さ以下、濁色）目上の人の明るさだ！（目より上方、明るい色）**」より、**パターン⑦は正しく、パターン⑧が誤り**となる。

なお、過去10年間において、**パターン⑦と⑧**を合わせて**11回**も出題されている！

　パターン⑨は、**99ページの用語のまとめ**で触れた話だ。ギラギラと鮮やかな色の室内にいると、**疲労**する感覚はわかるだろう。**正しい**。そして、**パターン⑩は常識的な判断**で解けるはずだ。これも**結論として正しい**。

この**パターン⑨と⑩**を合わせると、過去10年間で**16回**も出題されている！ この2つの出題パターンもしっかり押さえておこう！

　パターン⑪も常識的な判断で解けると思う。**結論として正しい**。北向きの窓では、直射日光はほとんど入らないため、**明るさは平均**する。

そして、**パターン⑫**はこの項目の冒頭で触れた話だ。**採光**とは、**太陽光により室内の明るさを得る**ことであり、**正しい内容**である。

パターン⑬も、**99 ページの用語のまとめ**で触れた話だ。**1 ルクスとは、1 カンデラの光源から 1 m の所**で、その光に直角な面が受ける明るさに相当する。よって、「3m」としている点で**誤っている**。

最後の**パターン⑭**については点検等の話だが、採光・照明のテーマとともに出題されることがある。62 ページの「**Study ⑫**」のとおり、結論として**誤っている**。

以上、採光・照明に関する問題については、特に出題されるパターンを押さえておけば対応できるだろう。

直前に再チェック！

①全般照明と局部照明を併用する場合、全般照明による照度は…

➡ 局部照明の **10 分の 1 以上**！

②前方から明かりを取るとき、眼と光源を結ぶ線と視線とで作る角度は… ➡ **30° 以上**！

③部屋の彩色について、目の高さ以下は… ➡ **濁色**！

④部屋の彩色について、目より上方の壁や天井は… ➡ **明るい色**！

⑤あらゆる方向から同程度の明るさの光がくると…

➡ 見るものに影が**できなくなり**、立体感がなくなることあり！

出題されはじめた！
「新」情報機器作業のツボ！

「情報機器作業（旧 VDT 作業）」は、ガイドラインが見直されたことに伴い出題が見送られていたが、そろそろ出題されはじめている。そのポイントを押さえよう！

令和元年 7 月に見直されたガイドライン！

「情報機器作業」とは、令和元年 6 月まで「VDT 作業」と呼ばれていたものだ。しかし、情報技術の発達に伴い、職場における情報機器の作業形態がパソコンだけではなく、タブレットやスマートフォンなど多様化したため、新しい働き方に対応した労働衛生管理の見直しが図られ、**令和元年 7 月**に「**情報機器作業における労働衛生管理のためのガイドライン**」としてガイドラインが見直されたことに伴い改称された。

新しいガイドラインにおける各種基準は、従来のガイドラインの内容の多くが引き継がれている。大きな違いは、**作業区分を 4 時間以上の拘束性のある作業**と、**それ以外（4 時間未満）に分類**し、健康診断で前者は「**すべての者が対象**」、後者は「**自覚症状を訴える者のみ対象**」とされたことだ。

しかし、**ガイドラインにおける数値等の基準は基本的に変わらないので**、安心してよい。新ガイドラインによる問題は**令和 2 年 7 月〜 12 月実施分**から出題されている。

後掲の出題パターンにおいては、「VDT」という言葉は「情報機器」へと、また、古いガイドラインに基づく表現も改題している。

😷 「ディスプレイ」を用いる場合の照度は注意！

　情報機器作業について、従来の出題内容は、**①ディスプレイ周り**、**②作業時間**、**③健康診断**、の３つに大きく分けられていた。

　そして、**①のディスプレイ周り**に関する問題が、情報機器作業のテーマにおける**約60%も占めていた**ので、今後もディスプレイ周りの知識については、徹底的に押さえておく必要がある。そこで、押さえたい知識をまとめたものが、以下の「**Study ㉓**」だ。

■ Study ㉓　情報機器作業の学習ポイント

項目	内容	基準等
ディスプレイ周り	ディスプレイを用いる場合の書類上・キーボード上の照度 [改正]	300 ルクス以上
	ディスプレイ視距離	40cm 程度
	ディスプレイの上端の高さ	眼と同じかやや下
	ディスプレイ表示文字	3mm 以上
	グレア防止	間接照明
作業時間	一連続作業	1 時間を超えない
	休止時間（次の連続作業開始まで）	10 ～ 15 分
	休止回数（一連続作業中）	1 ～ 2 回程度
健康診断	実施	一般定期健診と併用可
	検査種目	①業務歴、②既往歴 ③自覚症状の有無 ④眼科学的検査 　（視力、調節機能等） ⑤筋骨格系検査 　（上肢の運動機能等）

少し苦しいゴロ合わせではあるが、**ディスプレイ周り**に関するものを紹介してから、出題パターンを確認してみよう。

ディスプレイを用いよ
（ディスプレイを用いる場合）改正

希望は 3ch 以上
（書類・キーボード上の照度は 300 ルクス以上）

● 「情報機器作業（旧 VDT 作業）」の出題パターン（問題文は一部改題）

①ディスプレイを用いる場合の書類上及びキーボード上の照度は、**300 ルクス程度**としている。（令元.1 ～ 6）

②ディスプレイを用いる場合の書類上及びキーボード上における照度は、**300 ルクス以上**となるようにしている。（令 2.7 ～ 12 ほか）

③情報機器作業については、**一連続作業時間が 1 時間を超えない**ようにし、次の連続作業までの間に **10 ～ 15 分の作業休止時間**を設け、かつ、**一連続作業時間内において 1 ～ 2 回程度の小休止**を設けるようにする。（平 30.7 ～ 12 ほか）

④ 1 日の情報機器作業の**作業時間が 4 時間未満**である労働者については、**自覚症状を訴える者についてのみ**、情報機器作業に係る**定期健康診断の対象**としている。（令 5.1 ～ 6 ほか）

⑤ディスプレイは、**おおむね 40cm 以上の視距離**が確保できるようにし、**画面の上端が眼と同じ高さか、やや下**になるようにする。（平 30.7 ～ 12 ほか）

⑥情報機器作業従事者に対する**特殊健康診断の検査項目**は、眼疲労を

中心とする「自覚症状の有無の検査」及び視力、調節機能等の「眼科学的検査」の2項目である。（平26.1〜6ほか）

⑦情報機器作業健康診断では、**視力検査などの眼科学的検査**のほか、**上肢の運動機能などの筋骨格系**に関する検査も行っている。（令元.1〜6）

　パターン①は「ディスプレイを用いる場合の書類上・キーボード上の照度」が問われている。これは「ディスプレイを用いよ（**ディスプレイを用いる場合）希望は3ch以上！（書類・キーボード上の照度は300ルクス以上）**」から**正しい**。「300ルクス程度」と少しあいまいな問題文だが、少なくとも**300ルクス以上**である。

　パターン②では、「ディスプレイを用いる場合の書類上及びキーボード上における照度」が問われている。これは「**希望は3ch以上。（書類・キーボード上は300ルクス以上）**」ということで、**正しい**。

> この**パターン②**については、**過去10年間で6回も出題**されているので、押さえておこう！

　パターン③は、「Study ㉓」の「作業時間」の項目から**正しい**。情報機器作業は、**一連続作業時間が1時間を超えない**ようにし、次の連続作業までの間に**10〜15分の作業休止時間を設けるべき**である。そして、一連続作業時間内において**1〜2回程度の小休止**を設けるようにする。

　パターン④は、新ガイドラインで変わった内容についての出題パターンだ。「**4時間未満**」の労働者については「**自覚症状を訴える者のみ**」が健診対象とされるので**正しい**。

パターン⑤はディスプレイまでの視距離等が問われており、これらも正しい。ディスプレイは、**おおむね40cm程度の視距離**が確保できるようにし、**画面の上端が眼と同じ高さか、やや下になる**ようにするのだ。なお、このパターン⑤は過去10年間で6回も出題されている。

　パターン⑥と⑦は、健康診断の話だ。**パターン⑥**について「Study㉓」の項目を見ると、健康診断はたった2項目しかないだろうか。そんなことはないので**誤っている。**

　そして、**パターン⑦**については正しい。**筋骨格系検査（上肢の運動機能等）も行うべきところ、それも行っているというので正しい**のだ。

　以上が情報機器作業における出題パターンである。いよいよ新ガイドラインの内容が出題されはじめたので、ここで紹介した内容は押さえておこう。

直前に再チェック！

①ディスプレイを用いる場合の書類上・キーボード上の照度は… 改正

➡ 300ルクス以上！

②ディスプレイまでの視距離は… ➡ 40cm程度！

③ディスプレイの上端の高さは… ➡眼と同じかやや下！

④一連続作業の作業時間は… ➡ 1時間を超えないようにする！

⑤一連続作業の休止時間（次の連続作業開始まで）は…

➡ 10〜15分！

⑥一連続作業中の休止回数は… ➡ 1〜2回程度！

ゴロ合わせで撃破！
食中毒とウイルスに負けるな！

「食中毒・ウイルス」については、覚えることがたくさんあり
そうに見える。しかし、10 個の細菌等のポイントを押さえれ
ば勝てる！

10 個の細菌等の知識で十二分に勝負できる！

　2020 年以降、世界中に蔓延した新型コロナウイルスに人々はかき乱され
ている。新しい生活様式が求められ、意識の改革も突きつけられたといえ
よう。

　ともかく、農林水産物を取り扱う事業者をはじめとして、製造、加工、調理、
販売等で食品を取り扱う食品施設等においては、細菌・ウイルス等へ注意
を払い、食中毒を起こさないための施設・設備の衛生管理、食品の衛生的
な取扱い・管理が重要だ。衛生管理者は、食品衛生責任者等と食品取扱従
事者の安全衛生教育などを通して食中毒予防対策、施設・設備の衛生管理
にかかわりを持つことが求められている。

■食中毒・ウイルスの出題パターン

項目	件数	問題数	占有率
1. 毒素型・感染型の細菌分類	9	25	31%
2. 各細菌の特徴など	10	31	39%
3. ノロウイルスの特徴や症状	7	11	14%
4. O-157、O-111 の特徴等	3	8	10%
5. 毒素について	2	2	3%
6. その他（ヒスタミン）	1	3	4%
計	32	80	－

食中毒の原因となる細菌は、**感染型と毒素型**に分けられる。それらをさらに**細菌別**に分けた出題内容をみると、以下のようになる。

■細菌別の出題内容

細菌名	出題数	出題内容
サルモネラ菌	18	感染型か毒素型か。発生原因。症状。
ボツリヌス菌	17	感染型か毒素型か。原因食品。特徴。
腸炎ビブリオ	10	感染型か毒素型か。特徴。
黄色ブドウ球菌	13	感染型か毒素型か。特徴。
カンピロバクター	8	感染型か否か。症状。特徴。
セレウス菌	6	感染型か毒素型か。特徴。
腸管出血性大腸菌 O-157、O-111	9	特徴、症状。潜伏期間。 ※どちらの型かは問われていない。
ウェルシュ菌	3	感染型か否か。

要するに、**細菌については上記8種類（の型）を覚えれば**、試験にはまず対応できる。これに**ノロウイルスと自然毒のテトロドトキシン**の2つを加えて、合計10種類の細菌等を押さえることで、**食中毒とウイルスに関する問題は攻略できる**のだ。

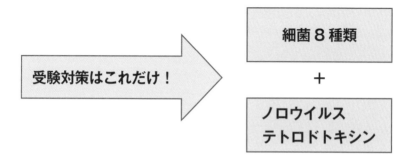

では、これらのポイントとなる Study を紹介しよう。

■ Study ㉔ 「感染型」の細菌について

細菌名	原因・特徴	症状・潜伏期間
腸炎ビブリオ （病原性好塩菌）	魚介類（すし・刺身） 海水に生息 熱・真水に弱い	下痢・激しい腹痛 8〜24時間
サルモネラ菌	肉・卵類 低温・乾燥に強い	下痢・腹痛 6〜72時間
ウェルシュ菌	カレー等の大量製造加熱食品 熱に強い	下痢・腹部膨満感 6〜18時間
カンピロバクター	飲料水・加熱が不十分な鶏肉 熱・乾燥に弱い	下痢・発熱・腹痛 2〜7日
腸管出血性大腸菌 （O-157、O-111）	生肉・生野菜 感染してから、人の腸内で赤痢 菌と類似のベロ毒素を産生	腹痛、出血を伴う 下痢、発熱 3〜5日

■ Study ㉕ 「毒素型」の細菌について

細菌名	原因・特徴	症状・潜伏期間
黄色ブドウ球菌	弁当等の加工食品 熱に非常に強い エンテロトキシン毒素を産生	嘔吐・下痢 1〜3時間
ボツリヌス菌	真空包装食品 熱に強いが120℃で失活 嫌気性菌（酸素で生存不可能） ボツリヌストキシン毒素を産生	神経毒、嘔吐 高致死率 8〜36時間
セレウス菌	焼飯類・農作物原料 熱に強い	嘔吐・下痢 1〜6時間

感染型と毒素型の違いとしては、食物に付着した細菌そのものの感染により起こるのが感染型、食品中で細菌が増殖した際に生じる毒素により発症するのが毒素型と覚えておこう。

■ Study ㉖　ウイルスと自然毒

細菌名	原因・特徴	症状・潜伏期間
ノロウイルス （ウイルス性）	生カキ・二枚貝・調理済み食品 経口感染・人の腸内で増殖 冬季に発生 **エタノールや逆性石鹸では、効果が** **薄い。次亜塩素酸ナトリウム等の塩** **素系漂白剤が有効**	胃腸炎、嘔吐、下 痢 １〜２日
テトロドトキシン （自然毒）	フグ 致死性毒	麻痺・呼吸困難 20分〜３時間

　難しくは考えず、「**感染型**」と「**毒素型**」を分けて覚えて（**O-157、**
O-111は除く）、あとは表の赤字部分が押さえられていればよい。まず
は、「**感染型**」と「**毒素型**」のゴロ合わせを紹介する。

ゴロ合わせ

■**感染型の細菌（覚えたい４つ）**

完全試合ウェルカム！
（感染型のウェルシュ菌）

サルもバク転、超演出！
（サルモネラ菌、カンピロバクター、腸炎ビブリオ）

■**毒素型の細菌**

独走セレ・ブが
（毒素型のセレウス菌、黄色ブドウ球菌）

ボーナス！
（ボツリヌス菌）

次に、**各細菌等の特徴**をゴロ合わせにしてみた。

■腸炎ビブリオ

<u>超エンブン好きな、マミーに弱い</u>
（腸炎ビブリオ、病原性好塩菌、真水に弱い）

■黄色ブドウ球菌

<u>ブドウを演じよ、熱く強く！</u>
（黄色ブドウ球菌、エンテロトキシン、熱に強い）

■ボツリヌス菌

<u>ポツリとつぶやく「ね〜今日、神経図太いね」</u>
（ボツリヌス菌、熱に強い、神経毒）

■O-157、O-111

<u>オー！ 赤いベロを出す！</u>
（O-157、O-111 は、赤痢菌と類似のベロ毒素）

■テトロドトキシン

<u>手がドロドロ、不具合だ！</u>
（テトロドトキシン、フグ毒）

では、あとは実際の出題パターンを見ながら、ここまでの表とゴロ合わせをどう使うかを確認していこう。

①**毒素型**食中毒は、食物に付着した細菌により産生された毒素によって起こる食中毒で、**サルモネラ菌**によるものがある。（令 3.7 〜 12 ほか）

②**毒素型**食中毒は、食物に付着した細菌が増殖する際に産生した毒素によって起こる食中毒で、**腸炎ビブリオ菌**などによるものがある。（平 29.1 〜 6 ほか）

③**感染型**食中毒は、食物に付着した細菌そのものの感染によって起こる食中毒で、**黄色ブドウ球菌**によるものがある。（令 3.7 〜 12 ほか）

④**セレウス菌及びカンピロバクター**は、いずれも**細菌性**食中毒の原因菌である。（令 2.7 〜 12）

⑤細菌性食中毒の原因菌のうち、**病原性好塩菌**ともいわれるものは、次のうちどれか。（平 29.7 〜 12 ほか）

（1）黄色ブドウ球菌　（2）ボツリヌス菌　（3）サルモネラ菌

（4）腸炎ビブリオ　　（5）カンピロバクター

⑥**腸炎ビブリオ**を原因菌とする食中毒に関する次の記述のうち、**誤っているもの**はどれか。（平 22.7 〜 12）

（1）原因食品は、主に海産の魚介類である。

（2）潜伏期は、概ね 10 〜 20 時間である。

（3）原因菌の作用のしかたは、感染型である。

（4）症状は、胃痙攣様の腹痛、水様下痢などである。

（5）原因菌は、エンテロトキシン毒素を産生する。

⑦**ボツリヌス菌**による毒素は、**神経毒**である。（令 3.1 〜 6 ほか）

⑧**ボツリヌス菌**は、缶詰や真空パックなど酸素のない密封食品中でも増殖するが、**熱には弱く**、60℃、10 分間程度の加熱で殺菌することができる。（令 5.1 〜 6 ほか）

⑨**サルモネラ菌**による食中毒は、食品に付着した細菌が食品中で増殖した際に生じる毒素により発症する。（令 3.1 〜 6 ほか）

⑩ **O-157 や O-111** による食中毒は、**赤痢菌の毒素と類似の毒素**を

産生する大腸菌による食中毒で、**腹痛、出血を伴う水様性の下痢**などの症状を呈する。（平 25.7 〜 12 ほか）

⑪**ノロウイルス**による食中毒に関する次の記述のうち、**正しいもの**はどれか。（平 27.1 〜 6 ほか）

（1）食品に付着したウイルスが食品中で増殖し、ウイルスが産生した**毒素により発症**する。

（2）ウイルスの失活化には、**エタノールや逆性石鹸はあまり効果がない**。

（3）**潜伏期間**は、一般に、**3 〜 5 時間**である。

（4）**発生時期**は、**夏季**が多い。

（5）症状は、筋肉の麻痺などの**神経症状**が特徴である。

⑫**エンテロトキシン**は、**フグ毒**の主成分で、手足のしびれや呼吸麻痺を起こす。（令 5.1 〜 6）

⑬**カンピロバクター**は、カビの産生する**毒素**で、**腹痛や下痢**を起こす。（令 5.1 〜 6）

⑭赤身魚などに含まれるヒスチジンが細菌により分解されて生成される**ヒスタミン**は、**加熱調理によって分解**する。（令 5.1 〜 6 ほか）

パターン①〜③は、各種細菌が**感染型か毒素型**かという問題だ。この点について 2 つのゴロ合わせを紹介したが、どちらか一方を覚えておき、それに含まれないものは、もう一方の型という覚え方でもよい。

例えば、「**完全試合ウェルカム！（感染型のウェルシュ菌）　サルもバク転、超演出！（サルモネラ菌、カンピロバクター、腸炎ビブリオ）**」ということで、**感染型はこれら 4 つの細菌を覚えて**おけばよい。

すると、**パターン①**は、**サルモネラ菌を「毒素型」**としている点で、**パターン②**は、**腸炎ビブリオを「毒素型」**としている点で、**パターン③**は、**黄色

ブドウ球菌を「感染型」としている点で誤っているのだ。

　パターン④は、セレウス菌及びカンピロバクターはともに「細菌」であり、正しい。試験対策上、細菌ではないウイルスはノロウイルス、自然毒はテトロドトキシンの２つだけを押さえておけばよい。

　パターン⑤は「好塩菌」という部分でピンとくると思う。「超エンブン好きな、マミーに弱い（腸炎ビブリオ、病原性好塩菌、真水に弱い）」ということで、（4）が正解だ。

　パターン⑥も同じく腸炎ビブリオについての特徴を問う問題だが、上にあるとおり、腸炎ビブリオは病原性好塩菌であり、エンテロトキシンを産生しないので、（5）が誤っており、正解となる。

「ブドウを演じよ」で、エンテロトキシンを産生するのは、黄色ブドウ球菌だ。

　パターン⑦は、「ポツリとつぶやく『ね～今日、神経図太いね』（ボツリヌス菌、熱に強い、神経毒）」ということで、正しい。そして、パターン⑧も同じゴロ合わせから、ボツリヌス菌は熱に強いので、誤っていることがわかる。

　パターン⑨は、サルモネラ菌の特徴を問う問題だ。サルモネラ菌は感染型の原因菌だが、感染型は「食物に付着した細菌そのものの感染」により起こるので、誤りとなる。なお、「細菌が食品中で増殖した際に生じる毒素により発症する」のは毒素型だ。

このパターン⑨では、問題文に「毒素により発症」という点に違和感を感じられれば解ける。

　パターン⑩のO-157やO-111による食中毒は、「**オー！ 赤いベロを出す！（O-157、O-111は、赤痢菌と類似のベロ毒素）**」ということで、**本問前半部分は正しい**。そして、そもそもO-157やO-111は、**腸管出血性大腸菌**とも呼ばれるもので、**症状として出血を伴う下痢があるので、後半部分も正しい**。

　パターン⑪はノロウイルスの特徴に関する問題だ。これは**112ページ**の「**Study㉖**」から判断できる。

　まず、**(1)** について、ノロウイルスは**食品中で増殖しない**ので、誤っている。**(2)** について、ノロウイルスには、**逆性石けんやエタノールは効果が薄く、次亜塩素酸ナトリウム等の塩素系漂白剤が有効**とされているので、これが正しい。

　(3) の潜伏期間は、一般的に**1〜2日**とされ、3〜5時間ではないので、**誤っている**。**(4) の発生時期**は、**冬季が多い**のが一般的だ。

　そして、**(5) の症状**だが、**神経症状はフグなどのテトロドトキシンが原因**であり、**誤っている**。**ノロウイルスの主な症状は、胃腸炎や嘔吐、下痢**だ。

ノロウイルスについては、パターン⑪のように独立の問題として出題されることがあるので、本問の内容は押さえておきたい。

　パターン⑫はエンテロトキシンに関する問題だが、これは、「**ブドウを演じよ（黄色ブドウ球菌、エンテロトキシン）**」ということで、エンテロトキシン毒素は**黄色ブドウ球菌が産生**するものだ。**フグ毒**の主成分としているが、**フグ毒はテトロドトキシン**の話で、**誤っている**。そこで、前述の**パター**

ン⑥の（5）についても、「**ブドウを演じよ**」のゴロ合わせで、**腸炎ビブリオは誤り**と判断することが可能だろう。

　パターン⑬はカンピロバクターに関する問題だ。問題は「カビの産生する毒素」としているが、「**完全試合ウェルカム！（感染型のウェルシュ菌）　サルもバク転、超演出！（サルモネラ菌、カンピロバクター、腸炎ビブリオ）**」というゴロ合わせから、**カンピロバクターは感染型**の**細菌なので、誤っている**。

　最後のパターン⑭のヒスタミンだが、頻出度は上位の部類にあり、ここで追加知識として覚えてもらいたい。
　ヒスタミンは、**魚類（赤身魚）**やその加工品を食べることで発症するアレルギー様の食中毒を引き起こす物質であり、**熱に強く、調理程度の加熱では分解できない**。よって、本問は**誤っている**。

直前に再チェック！

①「感染型」の覚えておきたい４つの細菌は…

　　➡**ウェルシュ菌、サルモネラ菌、カンピロバクター、腸炎ビブリオ！**

②「毒素型」の３つの細菌は…

　　　　　　　　　　　➡**セレウス菌、黄色ブドウ球菌、ボツリヌス菌！**

③ノロウイルスの発生時期、潜伏期間は…

　　　　　　　　　　　　　　　➡**冬季に多い、１〜２日！**

④ノロウイルスの失活に有効な薬剤は…

　　　　　　　　　➡**次亜塩素酸ナトリウム等の塩素系漂白剤！**

脳血管障害と虚血性心疾患、分類の把握で8割はOK！

「脳血管障害」と「虚血性心疾患」については、それぞれの分類を押さえてしまえば、約8割の問題に対応できる！

特に「脳血管障害」は、その分類だけで約8割を占める！

近年、虚血性心疾患や脳血管障害の原因が、労働者の長時間労働などが原因の1つと判断されている。厚生労働省の死因別データでも、男性では心疾患ががんに次ぐ死因の第2位、女性は第3位となっており、保健指導などを通して労働者の健康を管理する重要性が高まっている。

その影響があるのかは別として、第2種衛生管理者試験でもこの2つの疾患については頻出テーマとなっている。そこで、ここでは**虚血性心疾患と脳血管障害を分けて**、わかりやすくまとめよう。

これらは過去10年分20回の公表問題のうち、出題されなかったのは6回だけの頻出テーマだ。

細かいデータは省略するが、これら2つのテーマについては、**出題内容がそれぞれ4項目**と少なく、**繰返しの問題だらけ**である。つまり、この2つのテーマの攻略ポイントは少ない。

また、**脳血管障害はその分類に関する問題だけで、全問題の80%を占めている**（単純な分類だけではなく、その症状が正しいかどうかの判断も必要となる）。よって、特に脳血管障害の分類については、集中的に覚えてしまおう。

では、内容に入ろう。必要な知識をまとめたものが以下の「Study ㉗」であり、これが対策のすべてとなる。平成 23 年に初めて脳血管障害の問題が出題されて以後、「Study ㉗」にまとめた内容以外は出題されていない。これらの内容を把握すれば、脳血管障害の問題は万全である！

■ Study ㉗ 脳血管障害のポイント

・脳血管障害は、脳血管の病変を原因として発症する。			
・高血圧、不整脈、脂質異常症、糖尿病（高血糖）では注意が必要。			
・脳出血の診断には、頭部 CT や MRI を使う。			
出血性病変（脳血管が破れる）		虚血性病変（脳梗塞）	
①脳出血	②くも膜下出血	③脳血栓症	④脳塞栓症
脳実質内で出血	脳表面のくも膜下腔で出血	脳血管自体の動脈硬化	動脈壁の血栓剥離で脳血管閉塞

上表のとおり、**脳血管障害**は、まず「**出血性**」病変と「**虚血性**」病変に分かれ、さらに「**出血性**」は「**脳出血**」と「**くも膜下出血**」に、「**虚血性**」は「**脳血栓症**」と「**脳塞栓症**」に分類される。

ここで注目したいのは、**④の脳塞栓症は、動脈壁の血栓剥離で脳血管が閉塞する（詰まる）**症状だが、もう 1 つの虚血性病変である**③の脳「血栓」症の名称に「血栓」という言葉が入っていることだ。つまり、この 2 つは間違えやすい。そこで、「血栓→血栓は×」**と覚えておこう。

ゴロ合わせ

濃厚な「決戦決戦」は違う！（脳梗塞、血栓→血栓は誤り）

では次に、**虚血性心疾患**の「**Study㉘**」だ。

■ Study㉘　虚血性心疾患のポイント

> 虚血性心疾患は、**冠動脈の血液供給不足**による**心筋の酸素不足**で生じる。
> ・危険因子は、高血圧、喫煙、脂質異常症など。
> ・**狭心症における運動負荷心電図検査**では、運動前後の波形の変化を
> 　見る。

①狭心症	②心筋梗塞
心筋の一部の可逆的虚血	不可逆的な心筋の衰えと死
発作は数分程度で、**長くても15分以内で治まる**ことが多い。	突然激しい胸痛が起こり、締め付けられる痛みは1時間以上続く場合もある。

そもそも「虚血」とは、酸素や栄養が十分に届かずに脳や心臓の働きが障害されることである。そして、**虚血性心疾患の基本的な原因**は、**冠動脈の血液供給不足**によるものだが、冠動脈とは心臓を取り巻く血管である。この血管の内壁に脂肪などがたまると、血管が狭くなり、心臓の筋肉に送る血液量が不足して、酸素不足になる。その結果、狭心症や心筋梗塞などの疾患を起こすことになる。

また、**「可逆的」**とは、逆（＝元に戻る）になることが可能という意味で、ひらたく言えば**治る**ということだ。

そして、**「運動負荷心電図検査」**とは、階段の昇り降りや、固定式自転車こぎで心電図を記録する方法である。**狭心症や不整脈診断の評価**に用いられる大切な検査である。

要するに、**運動により心臓に負荷をかけてみる検査**だが、**狭心症**の発見に有用である点は覚えておこう。

では、これらの知識で特に重要なもののゴロ合わせを紹介しよう。

ゴロ合わせ

■脳血管障害の大きな分類

農家が出家、今日決定！
（脳血管障害、出血性病変と虚血性病変）

■出血性の脳血管障害の分類

出血サービスで蜘蛛！　NO！
（出血性の脳血管障害、くも膜下出血と脳出血）

■虚血性の脳血管障害の分類

決戦NO！　ノーセンキュー！
（脳血栓症、脳塞栓症）

■虚血性心疾患の大きな分類

新規の巨神　　今日ケツを出す
（心筋梗塞、狭心症）　（虚血性心疾患）

■虚血性心疾患の原因

感動不足、親近感さぞなし
（冠動脈の血液供給不足、心筋の酸素不足）

■狭心症と心筋梗塞は可逆的か否か

科学の巨人、拘束はダメよ！
（可逆的虚血である狭心症、心筋梗塞は不可逆的）

それでは、「**脳血管障害**」から出題パターンを確認していこう。

● 「脳血管障害」の出題パターン

①**脳血管障害**は、脳の血管の病変が原因で生じ、**出血性**病変、**虚血性**病変などに分類される。（平 30.7 〜 12 ほか）

②虚血性の脳血管障害である**脳梗塞**は、**脳血管自体の動脈硬化性病変による脳塞栓症**と、**心臓や動脈壁の血栓などが剥がれて**脳血管を閉塞する**脳血栓症**に分類される。（平 27.1 〜 6 ほか）

③虚血性の脳血管障害である**脳梗塞**は、**脳血管自体の動脈硬化性病変による脳血栓症**と、**心臓や動脈壁の血栓が剥がれて**脳血管を閉塞する**脳塞栓症**に分類される。（令 5.1 〜 6 ほか）

④**出血性**の脳血管障害は、脳表面の**くも膜下腔に出血するくも膜下出血**、脳実質内に出血する**脳出血**などに分類される。（令 4.7 〜 12 ほか）

⑤**くも膜下出血の症状**は、「頭が割れるような」、「ハンマーでたたかれたような」などと表現される**急激で激しい頭痛**が特徴である。（平 27.1 〜 6 ほか）

パターン①は、**脳血管障害の大きな分類**の話であり、**正しい**。このパターン①は、過去 10 年間で 6 回も出題されているので外せない。

パターン②は、**脳梗塞の分類**だ。後半で「**血栓などが剥がれて**脳血管を閉塞する**脳血栓症**」とあるが、「**血栓→血栓は×**」ということで**誤っている**。要するに、脳塞栓症と脳血栓症の説明が**逆**になっているのだ。

すると、**パターン③**は**正しい**。なお、このパターン②と③を合わせて、過去 10 年間で 8 回出題されている。

パターン④は、**出血性**病変の脳血管障害の分類だ。脳内の血管が破れて、脳表面の**くも膜下腔（空間）に出血するくも膜下出血**と、**脳実質内に出血する脳出血**に分かれるので、**正しい**。このパターン④も過去 10 年間で 7 回も出題されているぞ！

最後の**パターン⑤**は、**くも膜下出血の症状**についてだ。くも膜下出血の原因の多くは、脳動脈瘤という血管の膨らみが破裂することによるが、**脳表面への出血**により、突然経験したことのないような**激しい頭痛**などが起こるとされる。よって、**本問は正しい**。この辺は常識的な判断で解けるのではないだろうか。

　では、次に「**虚血性心疾患**」の出題パターンを確認していこう。

●「虚血性心疾患」の出題パターン

①**虚血性心疾患**は、**狭心症と心筋梗塞**とに大別される。（令元 .7 ～ 12 ほか）

②**虚血性心疾患**は、**門脈による心筋への血液の供給が不足**したり途絶えることにより起こる心筋障害である。（令 4.1 ～ 6 ほか）

③**虚血性心疾患**は、**冠動脈による心筋への血液の供給が不足**したり途絶えることにより起こる心筋障害である。（令 5.1 ～ 6 ほか）

④**虚血性心疾患**は、心筋の一部分に**可逆的な虚血が起こる狭心症**と、**不可逆的な心筋壊死が起こる心筋梗塞**とに大別される。（令 4.7 ～ 12 ほか）

⑤**狭心症**の痛みの場所は、心筋梗塞とほぼ同じであるが、その発作が続く時間は、**通常数分程度で、長くても 15 分以内**におさまることが多い。（令 4.1 ～ 6 ほか）

⑥**運動負荷心電図検査**は、心筋の異常や不整脈の発見には役立つが、**虚血性心疾患の発見には有用でない**。（令元 .7 ～ 12 ほか）

　まず**パターン①**は虚血性心疾患の大きな分類の話であり、**正しい**。「**新規の巨神（心筋梗塞、狭心症）今日ケツを出す（虚血性心疾患）**」だ。

　パターン②における**虚血性心疾患の基本的な原因**は、**門脈**ではなく、**冠動**

脈の血液供給不足によるもので、**誤っている**。よって、**パターン③は正しい**。なお、このパターン②と③を合わせて、過去10年間で8回出題されている。

虚血性心疾患の分類をもう少し詳しく問うのが、**パターン④**だ。「**科学の巨人、拘束はダメよ！（可逆的虚血である狭心症、心筋梗塞は不可逆的）**」ということで、**正しい**。このパターン④は、過去10年間で6回出題されている。

パターン⑤は、**狭心症が続く時間**についてだ。狭心症は、血管の目詰まりの程度がまだ低いため胸痛等で治まっている状態であり、安静にすると、血液の流れが回復し、痛みも消えて、**症状は数分程度、長くても15分程度で治まる**ことが多いとされる。つまり、**正しい**。このパターン⑤も過去10年間で6回も出題されている。

パターン⑥の運動負荷心電図検査は、狭心症や不整脈診断の評価に用いられ、**心臓病等には大切な検査である**ので誤っている。

👊 直前に再チェック！

① 「脳血管障害」の大きな分類は…

　　　　　　　　　　　➡出血性病変と虚血性病変（脳梗塞）！

② 「出血性」の脳血管障害の分類は…　　➡脳出血とくも膜下出血！

③ 「虚血性」の脳血管障害の分類は…　　➡脳血栓症と脳塞栓症！

④ 「脳血栓症」の症状は…　　　　　➡脳血管自体の動脈硬化！

⑤ 「脳塞栓症」の症状は…　　➡動脈壁の血栓剥離で脳血管閉塞！

⑥ 「虚血性」心疾患の分類は…　　　　➡狭心症と心筋梗塞！

4つのメンタルヘルスケア、方法を押さえて得点源に！

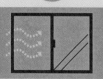

「メンタルヘルスケア」は比較的新しい出題テーマである。問われる内容もやさしく、特に「4つのケア」を押さえれば得点源にできる。

「4つのケア」と常識的な判断で攻略できる！

メンタルヘルスケアは比較的新しいテーマであり、平成24年〜25年にかけては各1回のみの出題で、内容も4つのケアについて正誤を問う単純な内容であった。

しかし、近年は職場の**「心の健康づくり計画」**に絡んだ問題が出題されるようになり、難易度は上がりつつある。そして、**平成28年以降は、ほぼ毎年出題**されるようになったが、この背景には、長時間労働に関して平成28年度から事業者に義務づけされたストレスチェック制度（使用労働者が50人以上）の影響もあるだろう。

ともかく、メンタルヘルスケアについては、組合せ問題を含め、出題パターンが少なく、**半分以上が「4つのケア」の内容**だ。ここはがっちり押さえておこう。また、**常識で判断できる問題も多く得点源**にしたい。

■メンタルヘルスケアの出題パターン

項目	件数	問題数	占有率
1. 4つのケア	9	29	54%
2. 心の健康づくり計画	5	14	26%
3. ストレス要因	3	8	15%
4. 情報提供等	1	3	6%
計	18	54	−

平成27年以前の出題が少ないため、ベースとなった問題は50問しかない。しかし、この先は毎回の出題が予測される項目である。ともかく、メンタルヘルスケアに関する知識をまとめた**「Study㉙」**を紹介しよう。

■ Study ㉙　メンタルヘルスケアのポイント

①セルフケア
労働者自身がストレスや心の健康について理解し、自らストレスを予防・軽減すること。

②ラインによるケア
管理監督者が職場環境等の把握と改善、労働者からの相談対応、職場復帰支援を行う。

4つのケア

③事業場内産業保健スタッフ等によるケア
産業医、保健師、衛生管理者など事業場内の産業保健スタッフによるケア。

④事業場外資源によるケア
専門的な知識を有する事業場外資源による支援を活用する。

家族や同僚、衛生委員会によるケアは、この4つのケアに含まれない。

〔労働者のメンタルヘルス不調への取り組み方〕

一次予防…**未然の防止**。

二次予防…**早期発見、適切な措置**。

三次予防…**職場復帰の支援**等。

〔個人情報の保護への配慮〕

健康情報を含む労働者の個人情報を、**主治医等や家族から取得**したり、**医療機関等の第三者へ提供**したりする際は、原則として、**労働者の同意が必要**。また、これらの情報は、**本人から提出を受けること**が望ましい。

以上がメンタルヘルスケアに関する試験対策の内容だ。難しいものではないので、あとは出題パターンを確認してほしい。

● 「メンタルヘルスケア」の出題パターン

① 「心の健康づくり計画」では、「セルフケア」、「**家族によるケア**」、「ラインによるケア」及び「事業場外資源によるケア」の**四つのケア**を効果的に推進する。（平 29.7 ～ 12 ほか）

② メンタルヘルスケアは、「**セルフケア**」、「**ラインによるケア**」、「**事業場内産業保健スタッフ等によるケア**」及び「**事業場外資源によるケア**」の四つのケアを継続的かつ計画的に行う。（令 2.1 ～ 6 ほか）

③ （四つのメンタルヘルスケアに該当しないものは、次のうちどれか。）**管理監督者**が、職場環境等の改善や労働者からの相談への対応を行う**ラインによるケア**。（令元 .1 ～ 6 ほか）

④ （四つのメンタルヘルスケアに該当しないものは、次のうちどれか。）メンタルヘルスケアに関する専門的な知識を有する事業場外の機関及び専門家を活用し支援を受ける**事業場外資源によるケア**。（令元 .1 ～ 6 ほか）

⑤ 「**セルフケア**」とは、**労働者自身がストレスや心の健康について理解し、自らのストレスを予防、軽減**する、又はこれに**対処**することである。（令 4.7 ～ 12 ほか）

⑥ **心の健康**については、**客観的な測定方法が十分確立しておらず**、また、心の健康問題の発生過程には**個人差が大きく、そのプロセスの把握が難しい**という特性がある。（令 2.7 ～ 12 ほか）

⑦ 労働者の**心の健康**は、**職場のストレス要因のみならず、家庭・個人生活などの職場外のストレス要因の影響を受けている**場合も多いことに留意する。（令 2.7 ～ 12 ほか）

⑧ 労働者の心の健康は、職場配置、人事異動、職場の組織などの要因によって影響を受けるため、**メンタルヘルスケアは、人事労務管理と連携しなければ、適切に進まない場合が多い**ことに留意する。（令 2.7 ～ 12 ほか）

⑨心の健康づくり計画の実施に当たっては、**メンタルヘルス不調を早期に発見する「一次予防」、適切な措置を行う「二次予防」**及びメンタルヘルス不調となった労働者の**職場復帰支援を行う「三次予防」**が円滑に行われるようにする必要がある。（令2.7 ～ 12 ほか）

⑩メンタルヘルスケアを推進するに当たって、**労働者の個人情報を主治医等の医療職や家族から取得**する際には、あらかじめこれらの情報を取得する目的を**労働者に明らかにして承諾**を得るとともに、これらの情報は労働者**本人から提出を受けることが望ましい。**（令2.7 ～ 12 ほか）

⑪メンタルヘルスケアを中長期的視点に立って継続的かつ計画的に行うため策定する**「心の健康づくり計画」**は、**各事業場における労働安全衛生に関する計画の中に位置付ける**ことが望ましい。（令4.7 ～ 12 ほか）

　パターン①～⑤は、4 つのケアに関する問題だ。まず**パターン①**では、**4つのケアに「家族によるケア」が含まれている**が、ここが**誤っている。家族や同僚によるケア、衛生委員会によるケアは含まれていない。**

　そして、**パターン②**が、**4 つのケアの内容として正しい。**

　パターン②が判断できれば、**パターン③の「ラインによるケア」**、**パターン④の「事業場外資源によるケア」**は、**4 つのメンタルヘルスケアに含まれる**ことがわかろう。

　また、**パターン⑤**は 4 つのケアのうち**「セルフケア」**の内容だが、**正しい。**このパターンは特に頻出だ。

> これら①～⑤の出題パターンは、過去 10 年間で合計 20 回も出題されている。いかに「4 つのケア」から出題されているかがわかるだろう。

そして、**パターン⑥～⑧は常識的に判断できる**パターンのくくりと言えよう。**パターン⑥の心の健康**については、健康問題の発生過程は、**個人差が大きく、プロセスの把握が**難しいとされている。**正しい内容だ。**

パターン⑦は、どのような事柄がストレスの要因となるかについてだ。ざっくり言ってしまえば、**どんな場面でもストレスは受ける。**職場のみならず、**家庭や個人生活などの職場外からのストレスも多いので、正しい。**

そして、**パターン⑧**だが、**職場のストレス**に関しては、**人事労務管理との連携が重要**とされており**正しい。**例えば、職場の人間関係で悩む人は多いと思うが、家族が抜本的に解決できるものでもなかろう。

パターン⑨は覚えていないと難しい。まだ出題回数は2回と少ないが、今後、出題が多くなりそうな内容だ。**メンタルヘルス不調の「一次予防」を「早期に発見」**としている点で**誤っている。**正しくは「**未然の防止**」だ。

パターン⑩は個人情報の保護に関する内容で、**正しい。**そして、**パターン⑪**は、触れていないが**正しい内容**なので理解しておこう。

直前に再チェック！

① 4つのメンタルヘルスケアは…

➡ **セルフケア、ラインによるケア、事業場内産業保健スタッフ等のケア、事業場外資源によるケア！**

② セルフケアの内容は…

➡ **労働者自身**がストレス等を理解し、**自ら予防・軽減！**

③ 家族によるケアは、4つのメンタルヘルスケアに…

➡ **含まれない！**

Part 3
労働生理
その他のパターン攻略

生活も試験対策も、自律神経が大事！

労働生理の科目において「神経系」は毎回出題される頻出テーマだ。特に「自律神経」を押さえていれば、攻略可能性が上がる。

「自律神経」は、「交感神経」＋「副交感神経」！

　ここからは**「労働生理」**の科目の話に入る。労働生理においては、人の身体に関する様々な知識が問われる。衛生管理者は、労働者の健康保持に努めなければならないが、そのためには人の身体に関する知識が必要ということだ。

　そこで、まずは**「神経系」**に関する解説から始めよう。神経系の出題パターン表は以下のとおりであり、過去10年間における出題数は70だ。とりわけ、**「1．自律神経」と、その構成要素である「2．交感神経と副交感神経」**に関する出題が多く、これらを合わせると**占有率は約48%になる**。世の中では自律神経を整える本が売れているようだが、普段の生活においても、試験対策上においても自律神経は大事ということだ。

■神経系の出題パターン

項目	件数	問題数	占有率
1．自律神経	2	8	11%
2．交感神経と副交感神経	6	26	37%
3．体性神経	2	8	11%
4．中枢神経	2	5	7%
5．神経細胞（ニューロン等）	2	10	14%
6．大脳	4	10	14%
7．その他	3	3	4%
計	21	70	－

■ Study ㉚　神経系のポイント１

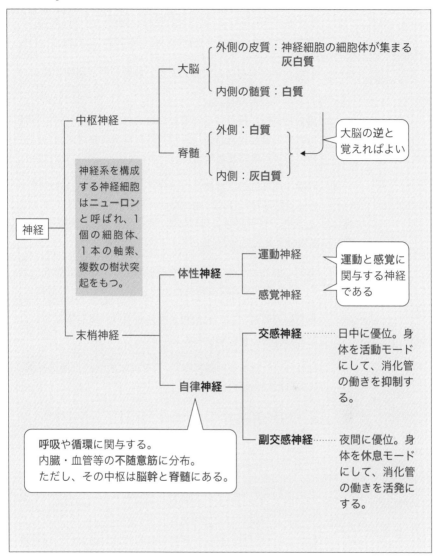

上記の神経区分と特色を押さえれば、神経系の問題には十分対応できる内容となっており、これが知識の中心となる。さらに重複する部分はあるが、この図の補足として本試験に直結する内容も次ページでまとめておく。

■ Study ㉛　神経系のポイント2

項目	内容
①中枢神経	**脳と脊髄**から成り、受け取った情報を処理して指令を出す。
②末梢神経	中枢神経からの指令を仲介する。**体性**神経と**自律**神経に分類される。
③体性神経	**感覚と運動に関与**する。外部からの情報（興奮）を中枢に伝達する感覚**神経**と、中枢に起きた興奮を体の末梢部に命令（伝達）する運動**神経**に分類される。
④自律神経	**内臓・血管等の不随意筋に分布**し、**中枢は脳幹及び**脊髄にある。さらに、生命維持機能の中枢は、脳幹を構成する間脳の視床下部にある[※]。呼吸、循環、消化等に**関与**し、**交感神経と副交感神経は、ほぼ正反対に作用**する。
├交感神経	**日中に優位**となる。**心拍数や血圧を上げ**、**体を活動モード**にする。**消化管の働きを抑制**する。
└副交感神経	**夜間に優位**となる。**心拍数や血圧を下げ**、**体を休息モード**にする。**消化管の働きを活発**にする。
⑤ニューロン	神経系を構成する**神経細胞**で、**1個の細胞体**、**1本の軸索**、**複数の樹状突起**から成る。
⑥シナプス	**ニューロンとニューロンをつなぐ接合部**で、**神経興奮**を伝達する場所。
⑦神経線維	脊髄の神経細胞から軸索が体の各部分に向かっている束。
⑧神経節	**末梢神経系の神経線維が伸びていく途中**にある**神経細胞体の集合部分**。
⑨有髄神経線維	軸索を包む髄鞘にあるすき間を情報の電気信号が流れる線維部分。髄鞘もすき間も持たない**無髄神経線維より伝達速度が速い**。
⑩大脳	外側の**皮質**は、**神経細胞の細胞体が集まっている**灰白質。内側の**髄質**は、白質。 （**脊髄はこの逆で**、**外側が白質**、**内側が灰白質である**）

※試験対策上は体温の項目で出題される。

134

以上が、過去 10 年間で出題された問題に対応するポイントのすべてだ。**これら Study の内容を押さえれば、試験対策はバッチリ**である。さっそく出題パターンを確認していくが、その前に**交感神経の働きのゴロ合わせ**だ。

　交感神経は、基本的に身体を活動モードにさせるが、**消化管の働きを抑制**する。このネジレに注意しよう。

効果てきめん活動的！
（交感神経、活動モード）

初夏だけ大人しい
（消化管の働きを抑制）

なお、**「副」**交感神経の働きは、この**逆**とイメージしていればよい。

● **「神経系」の出題パターン**

①**自律神経系**は、**交感神経系と副交感神経系**とに分類され、**双方の神経系は多くの臓器に対して相反する作用**を有している。（平 27.1 〜 6）

②**自律神経系**は、**内臓、血管などの不随意筋に分布**している。（令元 .7 〜 12 ほか）

③**自律神経系の中枢**は、**脳幹及び脊髄**にある。（令元 .7 〜 12 ほか）

④**心臓**に対しては、**交感神経の亢進は心拍数を増加**させ、**副交感神経の亢進は心拍数を減少**させる。（令元 .7 〜 12 ほか）

⑤**消化管**に対しては、**交感神経の亢^{こう}進は運動を促進**させ、**副交感神経の亢進は運動を抑制**させる。（令元 .7 〜 12 ほか）

⑥**自律神経は、運動と感覚**に関与し、**体性神経は、呼吸、循環**などに
関与する。（平 24.7 ～ 12 ほか）

⑦**体性神経**には、**感覚器官**からの情報を中枢に伝える**感覚神経**と、中
枢からの命令を**運動器官**に伝える**運動神経**がある。（令 4.1 ～ 6 ほか）

⑧神経系を構成する基本的な単位である**神経細胞**は、通常、**1 個の細
胞体、1 本の軸索及び複数の樹状突起**から成り、**ニューロン**ともいわ
れる。（令 3.1 ～ 6 ほか）

⑨神経系を構成する基本的な単位である**神経細胞**は、通常、**1 個の細
胞体、1 本の軸索及び複数の樹状突起**から成り、**シナプス**ともいわれ
る。（平 27.7 ～ 12）

⑩末梢神経系において**神経細胞の細胞体が集合**している部分を**神経節**
という。（平 28.7 ～ 12）

⑪**有髄神経線維**は、**無髄神経線維より神経伝導速度が速い**。（平 28.7
～ 12）

⑫**大脳の皮質**は、神経細胞の細胞体が集まっている**灰白質**で、**感覚、思
考などの作用**を支配する**中枢**として機能する。（令 3.1 ～ 6 ほか）

⑬**脊髄**では、中心部が灰白質であり、その外側が白質である。（令 4.1 ～ 6）

パターン①～⑥までは、**自律神経（交感神経と副交感神経）**に関する問題だ。
パターン①について、自律神経系は、**交感神経系と副交感神経系**とに分類さ
れるので**前半は正しい**。そして、**双方の神経系は「相反する」**、つまり、正
反対の作用を有するので**後半も正しい**。

パターン②は、**自律神経がどこに分布**しているかだが、**内臓・血管等の不
随意筋に分布**しているので**正しい**。なお、このパターン②は過去 10 年間で
5 回も出ている。

パターン③は、**自律神経の「中枢」がどこに分布**しているかについてだ。

中枢は脳幹及び脊髄にあるので、**やはり正しい**。なお、さらに**生命維持機能の中枢**は、脳幹を構成する**間脳の視床下部**にある。

　パターン④と⑤は、**交感神経と副交感神経が内臓にどのような作用**を及ぼすかについてである。この点、「**効果てきめん活動的！（交感神経、活動モード）　初夏だけ大人しい（消化管の働きを抑制）**」ということで、基本的に**交感神経**は、**身体の活動を活発にさせるが、消化管の働きを抑制**する。

　よって、**心臓に関するパターン④は正しく、消化管に関するパターン⑤は誤っている**。

> このパターン④と⑤を合わせて、**過去10年間で10回も出題**されている！

　パターン⑥は、自律神経の知識だけでも解けるが、体性神経についての知識もあったほうがよい。**感覚と運動に関与する神経は体性神経**なので、**誤っている**。つまり、**両者の説明が逆**になっているのだ。そして、**体性神経に関するパターン⑦は、正しい**内容である。

> **体性**神経については、「**感覚器官→感覚神経**」、「**運動器官→運動神経**」とネジレがない。

　パターン⑧〜⑪は、**神経の組織**に関する問題だ。
　パターン⑧について、**神経系を構成する基本的な単位である神経細胞は、ニューロン**ともいわれるので、**正しい**。そうなると、**パターン⑨は誤っている。シナプスは、ニューロンをつなぐ接合部**である。
　この2つのパターンは、過去10年間で10回も出題されているので押さえておこう。

そして、**パターン⑩と⑪は、神経節と有髄神経線維**についてであるが、それぞれ**正しい**。「**Study ㉛**」の内容を確認しておこう。

　パターン⑫は、**大脳皮質**についての問題だ。これは**神経細胞の細胞体が集まっている灰白質であり正しい**。なお、**大脳の内側にある髄質は白質**であり、「**脊髄**」は**この逆**となる。よって、**パターン⑬も正しい**。大脳を覚えていれば、脊髄の問題も対応できるので、以下のゴロ合わせも利用してみよう。

台の外は、灰だらけ必死！　中は白い！
（大脳の外側、灰白質、　皮質、　内側の髄質は白質）

直前に再チェック！

①体性神経の作用は…　　　　　　　　　➡感覚と運動に関与する！

②自律神経の分類は…　　　　　　　　　➡交感神経と副交感神経！

③自律神経の分布は…　　　　　　　　　➡内臓・血管等の不随意筋に分布！

④自律神経の「中枢」の位置は…　　　　➡脳幹及び脊髄にある！

⑤自律神経の作用は…　　　　　　　　　➡呼吸、循環、消化等に関与する！

⑥神経系を構成する神経細胞の基本的な単位は…　➡ニューロン！

わかればスッキリ！
腎臓の機能と尿について！

腎臓と尿については、毎回のように出題される頻出項目だ。
聞きなれない用語については、図を見ながら確認していこう。

言葉（文章）だけでは、わからない腎臓を図解する！

尿を調べれば、体や血液、腎臓の状態などがわかる。人の健康状態を表す
貴重な情報源ということで、腎臓と尿に関する問題も頻出だ。特に「**糸球体・
ボウマン嚢・尿細管の関係**」については、**腎臓・尿に関する問題の約7割**
を占めているので、ここは絶対に押さえておこう。

そもそも**腎臓**は、腰の少し上、**背骨の両側に左右1対**あり、それぞれが
約100万個のネフロンという**尿を生成する構造**から成る。

ネフロンは、毛細血管が詰まっ
た**糸球体**と、**それを包むボウマ
ン嚢**などから成る。
この糸球体とボウマン嚢をあわ
せて「**腎小体**」といい、1つの
腎小体から1つの尿細管が出
ており、**腎盂**へとつながってい
るのだ。この腎小体から尿細管
までの構造がネフロンだ。

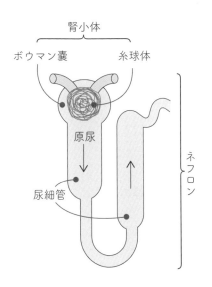

そして、試験では、尿の生成過程がよく問われるので、それらをまとめたものが、以下の「**Study ㉜**」である。

■ Study ㉜　腎臓の機能、尿の生成過程など

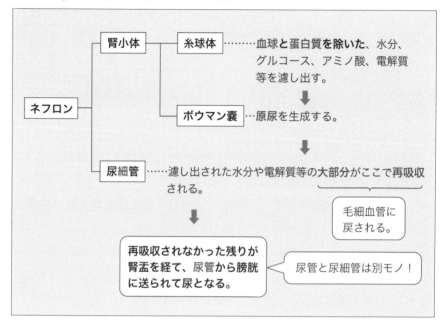

　尿の成分は約95％が水だ。**固形成分は残りの約5％**であり、内容は**窒素性老廃物**（尿素など）**や電解質**（カリウム、ナトリウム、リンなど）等となっている。1日の尿量は1〜1.5リットル程度、黄色の液体で弱酸性である。

　なお、血液中の**尿素窒素の値が高い場合、腎臓機能の低下**が考えられ、尿蛋白の増加は、慢性腎炎や糸球体障害のネフローゼ症候群などの病気が疑われる。

腎臓と尿に関する試験対策は、上記内容で十分である。ゴロ合わせを紹介後、出題パターンの確認に入ろう。

ゴロ合わせ

至急確認！
（糸球体）

けっきょく、蛋白質は濾し出されん！
（血球と蛋白質は、濾し出されない）

● 「腎臓と尿」の出題パターン

①**ネフロン（腎単位）**は、**尿を生成する単位構造**で、**1個の腎小体**と
それに続く**1本の尿細管**から成り、**1個の腎臓中に約100万個**ある。
（令2.7 〜 12）

②**腎臓**は、**背骨の両側に左右一対**あり、**それぞれの腎臓から複数の尿**
管が出て、**膀胱につながっている**。（平29.1 〜 6）

③**糸球体**では、血液中の**蛋白質以外**の血漿成分が**ボウマン嚢に濾し出**
され、原尿が生成される。（令4.7 〜 12 ほか）

④血中の**老廃物**は、**尿細管からボウマン嚢に濾し出される**。（令4.1 〜
6 ほか）

⑤血中の**蛋白質**は、**糸球体からボウマン嚢に濾し出される**。（令4.1 〜
6 ほか）

⑥**尿細管**では、原尿に含まれる**大部分の水分、電解質、栄養分などが**
血液中に再吸収される。（令4.7 〜 12 ほか）

⑦**原尿のうち尿細管で再吸収されなかった成分が尿**となり、**腎盂を経**
て膀胱に送られ排泄される。（平23.7 〜 12）

⑧**原尿中に濾し出された水分の大部分**は、**そのまま尿として排出**され
る。（令4.1 〜 6 ほか）

⑨**尿の生成・排出**により、**体内の水分の量やナトリウムなどの電解質**
の濃度を調節するとともに、生命活動によって生じた**不要な物質を排**
出する。（令4.7 〜 12 ほか）

⑩尿の約 **95%は水分**で、**約 5%が固形物**であるが、その成分は全身の健康状態をよく反映するので、**尿検査は健康診断などで広く行われている。**（令 4.7 ～ 12 ほか）

⑪血液中の**尿素窒素（BUN）**の値が**低く**なる場合は、**腎臓の機能の低下**が考えられる。（令 3.7 ～ 12 ほか）

　パターン①は「ネフロン」、パターン②は「腎臓」の説明だ。パターン①は正しく、パターン②は誤っている。パターン②について、**尿管は、左右の腎臓から 1 本ずつ**出ており、膀胱につながっている。つまり、**各腎臓から「複数」の尿管が出ているわけではない。**

「尿細管」と「尿管」は別のものだ。「尿細管」は腎盂まで原尿を運びつつ再吸収を行う。腎盂から膀胱まで尿を運ぶのは「尿管」だ。

　パターン③～⑤は、尿の生成過程に関する腎小体部分の問題だ。ポイントは糸球体で血球と蛋白質は濾し出されない点である。

　よって、**パターン③は正しい。**そして、**パターン④**は、老廃物が「尿細管」から濾し出されるとあるが、これは**誤っている。老廃物は、糸球体から濾し出されて、ボウマン嚢へと移る**のだ。

　そして、**パターン⑤**は、糸球体から蛋白質が濾し出されるとあるが、これも**誤り**である。

このパターン③～⑤を合わせると、**過去 10 年間で16 回も出題**されている必須パターンなのだ！

次に**パターン⑥〜⑧**は、**尿の生成過程**に関する**尿細管部分**の問題である。**ポイントは尿細管**において、色々と濾し出されてつくられた**原尿の大部分が再吸収**される点である。

そして、**再吸収されなかった成分**が、**腎盂**という部分を経て、膀胱に送られて排泄されるのだ。以上より、**パターン⑥と⑦は正しい**。

一方、**パターン⑧**は、**原尿中**に濾し出された水分の**大部分がそのまま尿として排出**されるとあるが、**誤っている**。

このパターン⑥〜⑧を合わせると、**過去10年間で13回も出題されているぞ**！

そして、**パターン⑨〜⑪**は、**腎臓や尿に関するその他の知識**だ。

パターン⑨と⑩は読めばわかるだろうし、常識的に判断できると思うが、**それぞれ正しい**内容なので、一読しておいてほしい。この2つの出題パターンも過去10年間で合計11回出ている。

最後のパターン⑪だが、**腎臓の機能の低下**が考えられるのは、**血液中の尿素窒素（BUN）の値が高い場合**なので、**誤っている**。

直前に再チェック！

①ネフロン（腎単位）の構成は…

　　　➡**1個の腎小体（糸球体とボウマン嚢）と
　　　それに続く1本の尿細管**！

②糸球体でボウマン嚢へと濾し出されないものは…

　　　➡**血液中の血球、蛋白質**！

③尿細管で再吸収されるものは…　　➡**水分や電解質等の大部分**！

143

攻略パターン 21 簡略図で勝負が決まる！心臓と循環の攻略法！

「心臓」に関する問題は、難しい問題ではないが混乱しやすい。
しかし、簡略図を書いてビジュアル重視で解けば攻略できる！

ビジュアル重視で循環は攻めよ！

　ここでは労働生理の科目のうち「**心臓**」と「**血液の循環**」に関する解説をしよう。心臓と血液の循環に関する問題は、決して難しくない。**難しくはない**のだが、**混乱しやすい**のだ。

　そこで、心臓と血液の循環に関する問題は毎回出ると想定して、**試験が開始**したら、忘れないうちに**まず簡略図を書いてしまう！**…という作戦を提案したい。簡略図は以下のものである。

■ Study ㉝ 血液循環の簡略図

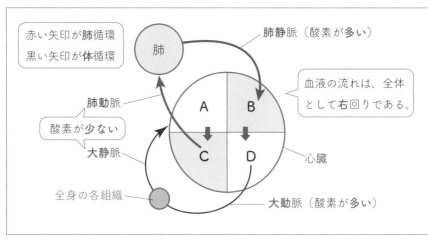

「Study ㉝」の簡略図について、大きな円が心臓だ。**A が「右心房」、B が「左心房」、C が「右心室」、D が「左心室」**である。

覚え方としては「寝室（しんしつ）の上で辛抱（しんぼう）！」ということで、寝室（**心室**）の上に辛抱（**心房**）がくる、つまり、図の**上の A と B が「心房」、下の C と D が「心室」**と覚えればよいであろう。

心臓の簡略図では、**人の身体がこちら向きとなるため左右は注意**だ。簡略図はあえて「ABCD」としてあるのでトレーニングしよう。

また大前提として、血液の経路について、**心臓から出ていくほうを「動脈」**といい、**心臓に血液が戻るほうを「静脈」**という。

そして、**心臓から血液が出ていく**動脈にも 2 種類あり、**肺を経由する**ほうを「肺動脈」、もう一方の**体循環のほうが「大動脈」**である。

同じく、**心臓に血液が戻る**静脈にも 2 種類あり、**肺を経由するほうを「肺静脈」**、もう一方の**体循環のほうが「大静脈」**だ。この辺は「肺」を経由するか否かで考えると覚えやすいし、慣れれば自然に思い浮かぶようになる。

次にややこしいのだが、**酸素が多く含まれている血液を「動脈血」、酸素が少ない血液を「静脈血」**という。これも知っておこう。

そして、**赤色の矢印である肺を経由する流れが「肺循環」**、他方、**全身の各組織や臓器を経由する黒色の矢印が「体循環」**である。この血液の循環を文章で見ると、次ページのようになる。図を見ながら赤字部分を答えられるように、確認とトレーニングをしておこう。

■血液の循環

> **体循環（黒矢印）**…全身に動脈血を運び、静脈血を A の右心房に集める。
> D の左心室→大動脈（出ていく）→身体各部・毛細血管→大静脈→（戻る）A の右心房…
>
> **肺循環（赤矢印）**…静脈血を肺に運んでガス交換後、動脈血を B の左心房に送る。
> C の右心室→肺動脈（出ていく）→肺（ガス交換）→肺静脈→（戻る）B の左心房…

　144ページの簡略図を書いて、血液の循環の流れを理解できれば、あとは"当てはめ問題"にすぎない。例えば、**右心室（C）から"出ていく循環は？**…と問われれば、**肺を経由**する流れなので「**肺循環**」である。

> 血液の循環は、試験の問題文でも、前ページの流れで出題される。

　では心臓に関して、まずは**「血液の循環」に関する出題パターン**を確認しておこう。

●「血液の循環」の出題パターン

> ①**体循環**は、**左心室から大動脈**に入り、毛細血管を経て**静脈血となり右心房に戻ってくる**血液の循環である。（令2.1 ～ 6 ほか）
> ②**大動脈及び肺動脈を流れる**血液は、**酸素に富む動脈血**である。（令3.7 ～ 12 ほか）
> ③**大動脈や肺動脈**には、**動脈血**が流れる。（平29.7 ～ 12）

④**大動脈**を流れる血液は**動脈血**であるが、**肺動脈**を流れる血液は**静脈血**である。（令5.1〜6ほか）

⑤**肺循環**は、**右心室から肺静脈を経て肺**の毛細血管に入り、**肺動脈を通って左心房に戻る**血液の循環である。（令2.1〜6ほか）

⑥**肺循環により左心房に戻ってきた**血液は、**左心室を経て大動脈に入る**。（令4.7〜12ほか）

⑦**肺を除く各組織の毛細血管を通過**する血液の流れは、体循環の一部である。（平27.1〜6ほか）

このように文章で問われると、わかりづらい。そのための簡略図であり、**簡略図が書けてしまえば、それを見ながら問題を解ける**のだ。よって、ページを行き来しないで済むよう、もう一度、掲載する。

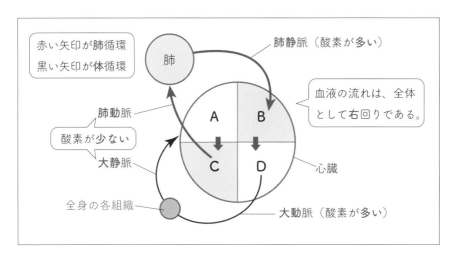

パターン①では、**体循環**が問われている。上の簡略図を見ながらであれば簡単だろう。結論として、**正しい**。このパターン①は過去10年間で8回も出題されているので、しっかり押さえておきたい。

パターン②は、**2つの「動脈」の血液中に酸素が多いか**という話だ。こ

れは誤っている。肺から心臓に戻ってきて間もない**大動脈の血液中は酸素が多い**。しかし、**体の各組織を経由して心臓に戻り、肺に向かって出ている肺動脈を流れる血液は、酸素が少ない**のだ。

　パターン③と④は、酸素の多い「**動脈血**」が流れる部分について問われている。これは上で述べたとおり、**大動脈の血液中は酸素が多い**が、体の各組織を経由して心臓に戻り、肺に向かって出ている肺動脈を流れる血液は、**酸素が少ない**ので、**パターン③は誤っており、パターン④は正しい**。

　パターン⑤と⑥は、肺循環に関する問題だ。これも簡略図を見ながらであれば正解できる。**パターン⑤は誤りで、パターン⑥は正しい**。

　最後の**パターン⑦**は、もう一度、**体循環**の話である。**肺を除く、各組織を通過する循環は体循環**であり、**正しい**。

以上のように、混乱しやすい内容だが、簡略図を見ながらであれば難しい問題ではない。

直前に再チェック！

①肺を経由する動脈は…　　　　　　　　　　　➡肺動脈！
②体循環のほうの動脈は…　　　　　　　　　　➡大動脈！

③肺を経由する静脈は…　　　　　　　　　　　➡肺静脈！
④体循環のほうの静脈は…　　　　　　　　　　➡大静脈！

⑤含まれている酸素が多い血液は…　　　　　　➡動脈血！
⑥含まれている酸素が少ない血液は…　　　　　➡静脈血！

⑦体循環は、心臓のどこから出ていき、心臓のどこに戻る？
　　　　　　　　　➡**左心室**から出ていき、**右心房**に戻る！

攻略パターン 22

覚えることは 3 つだけ！
心臓の拍動について！

「心臓」については「拍動」に関する問題もよく出る。出題パターンは少なく、覚えることも少ないので、しっかり把握しておこう。

😊 3つのパターンで過去 10 年間に 18 回の出題！

先ほどの心臓と血液の循環に続いて、ここでは**「心臓の拍動」**に関する解説をする。なお、心臓の話なのでセットで解説したかったが、頭を切り替えるためにも別項目とした。さっそく内容に入るが、**ここで覚えることは 3 つだけ**である。

心臓の拍動（収縮・拡張）は、特殊心筋である洞（房）結節等で発生した電気刺激が、刺激伝導系を介して伝わることで行われる。この心筋の規則的な拡縮（拡張と収縮）を拍動といい、心臓の中で血液の逆流を防ぐ動脈出口の弁がポンプ役を担う。

そして、この**拍動は自律神経が作用（支配）**し、運動時や興奮時に交感神経が心筋に作用し、心拍数等を増加させるといったことが行われているのだ。

また、**心筋は自らの意思で動かすことができない不随意筋であるが、随意筋である骨格筋と同じ、横紋筋に分類**される。

最後がわかりにくいかもしれないが、**横紋筋か否かは、見た目の分類**である。

ここで試験に関連する筋肉の話も触れておこう。**筋肉には横紋筋と平滑**^{へいかつ}**筋**_{きん}**の２つの種類がある。横紋筋は横縞模様**_{よこじま}**のある筋肉で、平滑筋にはそれがない。**見た目の分類だ。

■筋肉の種類

> ・横紋**筋**　①骨格筋…姿勢保持や体を動かす。→随意筋
> 　　　　　　②心筋……心臓を動かす。　　　　→不随意筋
>
> ・平滑**筋**…内臓や血管壁の働きを維持している。

ここで心筋の分類について、ゴロ合わせも紹介しておこう。

ゴロ合わせ

心機一転！ 普通にいい！
（心筋、不随意筋）

Oh 〜もう〜！
（横紋筋）

　ちなみに、**筋力は、筋繊（線）維の太さに比例し、収縮（縮む）する瞬間が一番大きい作業能力（最大筋力）になる。**この最大筋力は、性差、年齢差が**ほとんどない。**

　また、**酸素が不足した**ケースでは、**神経よりも筋肉のほうが疲労しやすい。**

ついでに、筋肉については、次の2つの用語も覚えておこう。

・**等尺性収縮**：筋肉の長さを**変えず**、筋力の発生がある状態のこと。
　　　　　　　鉄棒にぶら下がった状態や姿勢保持のときなど。

・**等張性収縮**：筋肉の長さが**変わり**、筋力の発生がある状態のこと。
　　　　　　　日常動作や屈伸運動を行うときなど。

筋肉の話にも触れたが、この項目で伝えたい知識は以上である。覚えるべきことは少ないが、項目を分けているのには理由がある。**それだけ出題されている**ということだ。出題パターンを確認してみよう。

● 「心臓の拍動」の出題パターン

---

①心臓の中にある**洞結節（洞房結節）で発生した刺激**が、**刺激伝導系を介して心筋に伝わる**ことにより、**心臓は規則正しく収縮と拡張を**繰り返す。（令3.7 〜 12 ほか）

②**心臓の拍動**は、**自律神経の支配**を受けている。（令2.1 〜 6 ほか）

③**心筋**は人間の意思によって動かすことができない**不随意筋**であるが、随意筋である骨格筋と同じ**横紋筋に分類**される。（令4.1 〜 6 ほか）

④**動脈硬化**とは、**コレステロールの蓄積**などにより、**動脈壁が肥厚・硬化**して弾力性を失った状態であり、**進行すると血管の狭窄や閉塞**を招き、**臓器への酸素や栄養分の供給が妨げられる**。（令3.7 〜 12）

パターン①〜③までは、149ページで触れた内容であり**正しい**。**このパターン①〜③を合わせて、過去10年間で15回**も問われている。難しい内容ではないし、しっかり押さえておこう。

最後の**パターン④**だが、一般常識的な内容であろう。結論として、**正しい**。ちなみに、「狭窄<ruby>きょうさく</ruby>」とは、すぼまって狭くなるという意味だ。血管壁内にコレステロールが蓄積すると、それだけ血液の通り道が狭くなるのだ。

✊ 直前に再チェック！ ◀

①心臓の拍動の原動力となる電気刺激は、どこで発生する？

➡洞結節（洞房結節）！

②心臓の拍動を支配する神経は…　　　　　　　　➡自律神経！

③心筋は、不随意筋と随意筋のどちらに分類される？　➡不随意筋！

④心筋は、横紋筋と平滑筋のどちらに分類される？　➡横紋筋！

コラム　衛生管理者は落とす試験ではない！

ここまで述べてきたように第2種衛生管理者試験では、**全く同じ選択肢や、ほぼ同じ選択肢が繰り返し出題**されている。これは決して、試験実施団体が手を抜いているわけではない。世の中には様々な資格試験が存在するが、中には「そんな知識を問うの？」と疑いたくなるような試験問題や、いわゆるヒッカケ問題も多い。ところが、**第2種衛生管理者試験では、そのような意地悪な問題がほぼないのだ。**

これは身に付けるべき知識を身に付けてくれれば、全員合格させるという意思表示であり、基本的かつ重要な知識を身に付けてほしいという意思表示でもあるのだ。語弊があるかもしれないが、受験者を落とすためにつくられた問題は出題されない。**しっかり学習しておけば、必ず合格できる**試験である。

「吸気」はすべて同じ問題⁉ 得点源にできる「呼吸」！

「呼吸」に関する問題は、他のテーマと比較しても繰り返しの問題が出される頻度が高い。ここは得点源にしてしまおう！

繰り返し問題で得点のチャンス！

　ここでは「労働生理」の科目のうち「呼吸」に関する解説をしよう。呼吸についても毎回出題されるが、後ほど述べるように特に「吸気」に関する問題は、過去10年間で12回、全く同じ問題文で出ている状態だ。さっそく内容に入ろう。

　先に上で述べた「吸気」の話をするが、「吸気」とは、呼吸をすることによって、鼻腔、気管等の気道を経て、肺内へ流れ込む空気のことだ。これがどのように行われるかというと、下図のように胸郭内容積が増し、その内圧が低くなることで、空気が流れ込むというだけである。

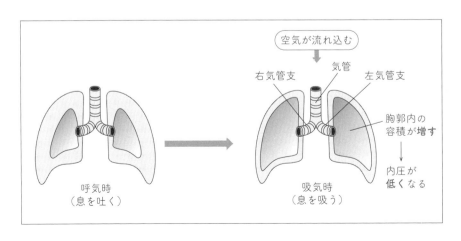

少なくとも公表されているものでは、**この吸気が全く同じ問題文**にて、**過去10年間で12回**も問われている。ここは間違えるわけにいかないので、先に解説した次第だ。そして、それ以外の呼吸に関する必要知識をまとめたのが、以下の「**Study ㉞**」である。

■ Study ㉞　呼吸のポイント

項目	内容
呼吸運動	呼吸筋（肋間筋と横隔膜）の協調運動で、胸郭内容積を周期的に増減し、肺を伸縮させる。
吸気	胸郭内容積が増し、**内圧が低くなる**ことで、鼻腔や気道を経て肺に流れ込む空気。
呼気の成分	**酸素16％、二酸化炭素4％**
外呼吸	肺胞内の空気（O₂）と、肺胞を取り巻く毛細血管の**血液（CO₂）**との間で行われるガス交換のこと。
内呼吸	身体の各組織細胞と、全身の毛細血管中の**血液との間で行われるガス交換**のこと。
呼吸中枢について	・場所は、延髄の網様体にあり、**呼吸運動の筋肉を支配**する。 ・**二酸化炭素濃度が増加**（身体活動による二酸化炭素分圧の上昇）すると、**肺のガス交換量が多くなる**。つまり、**呼吸は深くなり、1回換気量が増加し、呼吸数も増加**する。
呼吸数	一般に成人で、**1分間に16〜20回**。 **食事、入浴、発熱**等で増加する。

なお、上記の「呼吸中枢について」の欄で「分圧」という言葉が出てくるが、これはいくつかの気体が混ざっている気体（混合気体）において、ある1つの成分が混合気体と同じ体積を単独で占めたときの圧力のことだ。わかりにくいと思うが、試験対策上は「二酸化炭素分圧の上昇」とあったら、二酸化炭素濃度が増えたら…と考えておけばよい。

では、「呼吸中枢の場所」についてのゴロ合わせを紹介しておこう。

息してチュ〜する！
（呼吸中枢）

もう〜い〜かい？
（延髄の網様体）

ということで、ここまでの内容を押さえていれば呼吸については、まず正解できる。出題パターンを確認していこう。

●「呼吸」の出題パターン

①胸郭内容積が増し、その内圧が低くなるにつれ、鼻腔、気管などの気道を経て肺内へ流れ込む空気が吸気である。（令5.1〜6ほか）

②呼吸運動は、気管と胸膜の協調運動によって、胸郭内容積を周期的に増減させて行われる。（令3.1〜6ほか）

③呼吸運動は、呼吸筋が収縮と弛緩をすることによって胸郭内容積を周期的に増減し、それに伴って肺を伸縮させることにより行われる。（令元.1〜6）

④肺胞内の空気と肺胞を取り巻く毛細血管中の血液との間で行われるガス交換を外呼吸という。（令3.7〜12ほか）

⑤全身の毛細血管中の血液が各組織細胞に酸素を渡して二酸化炭素を受け取るガス交換を、組織呼吸又は内呼吸という。（令3.1〜6）

⑥呼吸に関与する筋肉は、間脳の視床下部にある呼吸中枢によって支配されている。（平30.7〜12ほか）

⑦血液中に二酸化炭素が増加してくると、呼吸中枢が抑制されて呼吸は浅くなり、回数が減少する。（平26.7〜12ほか）

⑧成人の呼吸数は、通常、1分間に16〜20回であるが、食事、入浴、発熱などによって増加する。（令4.7〜12ほか）

⑨身体活動時には、血液中の窒素分圧の上昇により呼吸中枢が刺激され、1回換気量及び呼吸数が増加する。（令4.7〜12ほか）

⑩身体活動時には、血液中の二酸化炭素分圧の上昇などにより呼吸中枢が刺激され、1回換気量及び呼吸数が増加する。（令2.1〜6ほか）

　パターン①が、冒頭で触れた**吸気**の話であり**正しい**。153ページの図も印象付けて覚えておき、本試験現場では念のため、「**胸郭内容積が増し**」「**内圧が低く**」なる点はチェックすること。

　パターン②と③は、呼吸運動の話だ。これは**呼吸筋である肋間筋と横隔膜の協調運動**により、胸郭内容積を周期的に増減して、肺を伸縮させることで行われる。よって、**パターン②は「気管と胸膜」の協調運動**としている点で誤っており、**パターン③が正しい**。

　パターン④と⑤は、外呼吸と内呼吸の話である。**外呼吸のポイントは「肺胞」と血液の間で行われる点、内呼吸のポイントは「各組織細胞」と血液の間で行われる点で、ともに正しい**。

なお、**パターン④**については、**過去10年間で13回も出題されている！**ここもしっかり押さえよう！

　パターン⑥は、**呼吸中枢がどこにあるか**という点についてだが、**呼吸中枢は延髄の網様体**という場所にある。**視床下部ではないので誤っているのだ**。

　パターン⑦だが、**血液中の二酸化炭素が増えると、呼吸は深く、回数は増えるので誤っている**。

二酸化炭素が増えれば、呼吸は苦しくなる。すると、少なくとも呼吸回数が増える（ハァハァする）イメージは持てるだろう。

パターン⑧は正しい。成人の呼吸数は 1 分間に 16 ～ 20 回であり、**食事、入浴、発熱などによって増加**する。なお、このパターン⑧は「減少」の誤りも含め、過去 10 年間で 6 回も出題されている。

最後に**パターン⑨と⑩**は、**活動時に血液中の何が上昇して呼吸数が多くなるのか**…という話だ。なお、本問は一部改題している。これは**二酸化炭素分圧の上昇が正しい**ので、**パターン⑨は「窒素分圧」としている点で誤っており、パターン⑩が正しい**。このパターン⑨と⑩を合わせて、過去 10 年間で 10 回も問われているので要注意である。

直前に再チェック！

①呼吸運動は何と何の協調運動で行われる？

➡呼吸筋である**肋間筋**と**横隔膜**の協調運動による！

②肺胞内の空気と、肺胞を取り巻く毛細血管中の血液との間で行われるガス交換は…

➡**外呼吸**！

③全身の毛細血管中の血液が各組織細胞に酸素を渡して、二酸化炭素を受け取るガス交換は…

➡**内呼吸**！

攻略パターン 24 視覚・聴覚等の知識をピンポイントで攻略する！

視覚・聴覚等の感覚器に関する問題もよく出る。これらの問題も出題パターンが限られているので、ここはピンポイント攻略をねらう。

視覚は「網膜」と「働き」をマークせよ！

ここでは労働生理の科目のうち、**眼・耳を中心に視覚・嗅覚・味覚・皮膚感覚等の感覚器全般**についてのポイントを解説しよう。

まずは「**視覚**」に関する話からはじめるが、視覚においては、「**網膜**」と「**働き**」に関する出題が**6割**を占めている。さっそくポイントを紹介してしまうと、以下の内容だ。

> 次ページの図も眺めながら、記憶を強化してほしい。
> 基本的には、赤字部分のチェックでOKだ！

■ Study ㉟ 主な眼の部位と働き、乱視・近視等

構造	働き
角膜	**眼球前面の円形部分**。**フィルターの役目**。
毛様体	**水晶体の厚さ（ピント）調節**を行う。
虹彩	瞳孔を囲み、伸縮で**光量を調節**するカメラの絞りに相当。
網膜	視細胞（杆状体・錐状体）が光を識別する。 **錐状体…色と明るい光を感じる。** **杆状体…明暗と暗い所で弱い光を感じる。**
水晶体	**レンズの役割**。焦点距離を調節し、**網膜に像を結ぶ**。
硝子体	水晶体で屈折した光線を網膜に運ぶ。

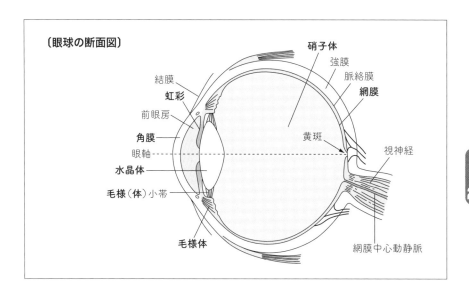

（眼球の断面図）

硝子体
強膜
脈絡膜
結膜
網膜
虹彩
前眼房
角膜
黄斑
眼軸
視神経
水晶体
毛様（体）小帯
毛様体
網膜中心動静脈

■近視・乱視等の像の結び方

近視…眼軸が長すぎ、→網膜の**前方**で**像を結ぶ**。

遠視…眼軸が短すぎ、→網膜の**後方**で**像を結ぶ**。

乱視…**角膜の凹凸や歪み**等により、網膜に**正しく像が結ばない**。

老眼…**水晶体の弾性が減少**し、網膜の**後方**で**像を結ぶ**。

この近視等の像の結び方の覚え方としては、**「近視」**は**「近い」**だけあり**すぐ前の「前方」**で像が結ばれる、**「遠視」**は**「遠い」**だけあり**遠くの「後方」**で像が結ばれるというイメージでいこう。

今のところ「眼軸」の長短まで覚えなくても、問題に対応できる！

では、網膜の杆状体と錐状体の働きについてのゴロ合わせを経たうえで、「視覚」に関する出題パターンの確認に入る。

ゴロ合わせ

いよ〜！　明るい水蒸気！
（色と明るい光を感じる錐状体）

暗く弱い声で「お勘定…」
（明暗と暗い所で弱い光を感じる杆状体）

● 「視覚」の出題パターン

①網膜には、**明るい所で働き色を感じる錐状体**と、**暗い所で働き弱い光を感じる杆状体**の２種類の視細胞がある。（令3.7 〜 12 ほか）

②網膜の**錐状体は明るい所で働き色を感じ、杆状体は暗い所で働き弱い光、明暗を感じる。**（令元.7 〜 12 ほか）

③眼軸が短過ぎるために、平行光線が**網膜の後方で像を結ぶ**状態は**近視**である。（令元.7 〜 12 ほか）

④**角膜が歪んでいたり、表面に凹凸がある**ために、眼軸などに異常がなくても、**物体の像が網膜上に正しく結ばれないものを乱視**という。（令3.7 〜 12 ほか）

⑤眼は、**硝子体の厚さを変える**ことにより**焦点距離を調節して網膜の上に像を結ぶ**ようにしている。（令元.1 〜 6 ほか）

　パターン①と②は、すぐ上のゴロ合わせで対応できよう。ともに**正しい。**なお、この２つを合わせて、過去 10 年間で 8 回の出題がある。

　パターン③と④は近視等の話だ。**パターン③**は「後方」で像を結ぶ状態を「近視」としているが、**近視はすぐ近くの前方で像を結ぶ**イメージから**誤っている。**

　そして、**パターン④は正しい内容**だ。このパターン④は過去 10 年間で 8 回も問われている。

最後の**パターン⑤**は、少し難しいかもしれないが、**焦点距離を調整**するのは**水晶体**だ。硝子体としている点で、本問は**誤っている**。なお、このパターン⑤は、過去 10 年間で 7 回出題されている。押さえておこう。

聴覚は「働き」の一点突破か!? ～その他の感覚器も補足～

次に「**聴覚**」の話に入ろう。**耳の器官と主な働き**等のポイントは、以下のものだ。**音は「外（耳）→中（耳）→内（耳）」**と伝わる。「**そと→なか→うち**」だ！

■ Study ㊱　耳の器官と働き

部位		主な働き
外耳	耳介	音（波）を集める。
	外耳道	音（波）を増幅して、中耳に伝える。

↓

中耳	鼓膜	音（波）により振動する。
	鼓室	耳管によって咽頭につながっている。その内圧は外気圧と等しく保たれている。
	耳小骨	鼓膜の振動を増幅して、内耳に伝える。

↓

内耳	蝸牛（管）	有毛細胞の感知で電気信号に変え、蝸牛神経から大脳に伝える。アブミ骨からの音の振動が伝わる。
	前庭	体の傾きを感受。有毛細胞の上の耳石の傾きで感知する。**平衡感覚**をつかさどる。
	半規管	体の回転運動、加速度を感受。リンパ液の流れる方向で、体の前後左右を感知。三半規管ともいう。**平衡感覚**をつかさどる。

内耳の「**前庭**」と「**半規管**」だけが平衡感覚をつかさどる器官で、**その他は聴覚**に関する器官だ。この表の赤字部分を覚えればよい。ゴロ合わせを経てから、出題パターンを確認しよう。

ゴロ合わせ

ナイジェリアでは庭の前に、３班の牛がいる。
（内耳、　　　　　　前庭、　三半規管、蝸牛）

また、視覚と聴覚以外の感覚器についても出題されることがあるので、これらのポイントを補足しておきたい。以下の３つのポイントだけだ。

■ Study ㊲　嗅覚・味覚・皮膚感覚のポイント

- ・嗅覚　　　　→同じ匂いに疲労しやすい。
- ・味覚　　　　→苦さに敏感。加齢により鈍くなる。
- ・皮膚感覚　→痛みを感じる痛覚点の密度が、他の感覚点より大きい。
- 　　　　　　　→温度感覚では、温覚より冷覚が鋭敏である。

● 「聴覚等」の出題パターン

①**内耳**は、**前庭、半規管及び蝸牛**（うずまき管）の三つの部位からなり、**前庭と半規管が平衡感覚、蝸牛が聴覚**をそれぞれ分担している。（令5.1 〜 6 ほか）

②平衡感覚に関係する器官である**前庭及び半規管**は、**中耳**にあって、体の傾きや回転の方向を知覚する。（令元 .7 〜 12 ほか）

③**耳介で集められた音は、鼓膜を振動させ、その振動は耳小骨によって増幅され、内耳に伝えられる**。（令5.1 〜 6）

④**鼓室**は、耳管によって咽頭に通じており、その**内圧は外気圧と等しく保たれている**。（令5.1 〜 6 ほか）

⑤嗅覚は、わずかな匂いでも感じるほど鋭敏で、**同じ臭気に対しても疲労しにくい**。（平 27.7 〜 12 ほか）

⑥**皮膚感覚**には、触圧覚、痛覚、温度感覚（温覚・冷覚）などがあり、これらのうち冷覚を感じる**冷覚点の密度は他の感覚点に比べて高い**。（令元 .7 〜 12 ほか）

パターン①の内耳の３つの器官は前ページのゴロ合わせから、また「Study ㊱」より「前庭」と「半規管」だけが平衡感覚をつかさどる器官であり、蝸牛は聴覚に関する器官なので、**正しい**。そして、**パターン②は前庭と半規管が「中耳」にあるとする点で誤っている**。内耳だ。

パターン③と④は 161 ページの「Study ㊱」から、それぞれ**正しい**ので、確認しておいてほしい。

パターン⑤は嗅覚の話だ。前ページの「Study ㊲」で述べたように、**同じ匂いに疲労しやすいので、誤っている**。

また、**パターン⑥は皮膚感覚**の話だ。どの感覚点の密度が大きいかというと、**痛覚点なので、誤っている**。このパターンは過去 10 年間で 5 回出題されているぞ。なお、**「温度」感覚の話（冷覚が鋭敏）**と混乱しないように。

✊ 直前に再チェック！

①網膜の細胞のうち色と明るい光を感じるのは…　　➡錐状体！

②網膜の細胞のうち暗い所で弱い光を感じるのは…　➡杆状体！

③平行光線が網膜の後方で像を結ぶ状態は…　　　➡遠視と老眼！

④平衡感覚をつかさどる耳の器官は…　　　　　　➡前庭と半規管！

⑤前庭と半規管はどこにある？　　　　　　　　　➡内耳！

⑥内耳のもう１つの器官は…　　　　　　　　　➡蝸牛（管）！

正攻法で攻略！血液に関する知識のまとめ！

「血液」の成分等に関する問題は頻出だが、覚えるべきことが多い。ここは正攻法でコツコツと知識を習得していこう！

頻出度は文句なしの「S」！地道な努力も必要だ！

　ここでは労働生理の科目のうち**「血液の知識」**に関する解説をする。血液の成分等については、過去10年間で全66問も出題されており、頻出度は文句なしのSだ。ここでは様々な知識が必要となるが、まずは必要な知識を集めた**「Study ㊳」**を紹介しよう。

■ Study ㊳　血液の知識のポイント

〔血液の構成〕
・主な有形成分：赤血球、白血球、血小板の3つ。　　→約45％。
・液体成分：血漿。　　　　　　　　　　　　　　　→約55％。

項目	内容
赤血球	骨髄で産生される。赤血球中の**ヘモグロビン**が酸素を運搬する。鉄分を含む。**寿命は約120日。** 「血球」中の約96％を占め、「血球」中で数は最も多い。 ■**ヘマトクリットについて** 血液に占める赤血球の相対的**容積**（単位は％）のこと。**脱水で数値は高くなり、貧血では低くなる。** 正常値は、男性約45％、女性約40％。

白血球	骨髄・リンパ組織で生成される。体内への**細菌や異物の侵入を防ぐ**。寿命は 3 〜 4 日。 ■**白血球には、以下の成分がある。** 〔リンパ球〕…**免疫作用の中心**。占有率は約 30%。 主に異物を攻撃する細胞が、**T 細胞（T リンパ球）**。 主に**抗体を産生**する細胞が、**B 細胞（B リンパ球）**。 〔好中球〕→占有率は 60%。 異物を認識し、**細菌などを貪食**して分解。 〔好塩基球〕→占有率は最も少ない。 ヒスタミンは炎症部位の血管拡張、ヘパリンは血管内の血液凝固を抑える。
血小板	**止血機能**。骨髄で産生。不定形細胞。

血漿	90%以上が水分であり、他に蛋白質、糖質、電解質、ホルモン、酵素、二酸化炭素などが溶解している。
	
	■**血漿中の蛋白質について**
	〔アルブミン〕
	血液の浸透圧の維持に関与、細胞活性化へ蛋白質を供給。
	〔グロブリン〕
	免疫機能に関与。γグロブリン（抗体）は免疫グロブリン。
	〔フィブリノーゲン〕
	血液の凝固に関連する線維素原。
	   →**凝固とは、血漿中のフィブリノーゲン（線維素原）がフィブリン（線維素）に変化**する現象。
	   →赤血球にある「**凝集原**」というものと、他人の血清中の「**凝集素**」というものが反応して、**赤血球が寄り集まる現象である「凝集」と区別**すること！

ちょっと知識量が多いが、以上である。いくつかゴロ合わせを紹介しておこう。

■白血球におけるリンパ球の細胞の働き

父さん攻撃　ビビって交替！
（T細胞、異物を攻撃）（B細胞、抗体産生）

■ヘマトクリットについて

ヘマしまくった、設計だYO！
（ヘマトクリット、血液に占める赤血球の〔相対的〕容積）

■血漿中の蛋白質の働き

駅にグローブ、あるシンドイ！
（免疫機能、グロブリン）（アルブミン、浸透圧を維持）

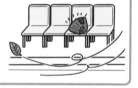

では「血液の知識」に関する出題パターンを確認してみよう。ここでは問われる知識数が多いので、出題パターン数も多めだ。

●「血液の知識」の出題パターン

①赤血球は、骨髄で産生され、寿命は約120日であり、血球の中で最も多い。（令元.7～12ほか）

②赤血球の寿命は、約120日で、白血球の寿命に比べて長い。（平28.1～6ほか）

③赤血球中のヘモグロビンは、酸素を運搬する。（平23.7～12）

④血液中に占める白血球の容積の割合をヘマトクリットといい、感染や炎症があると増加する。（令2.7～12ほか）

⑤血液中に占める赤血球の容積の割合を**ヘマトクリット**といい、**貧血に**
なるとその値は高くなる。（令元.7 〜 12 ほか）

⑥血液の容積に対する**血小板の相対的容積をヘマトクリット**という。
（平 26.7 〜 12）

⑦**赤血球**は、損傷部位から血管外に出ると、**血液凝固を促進させる物質**
を放出する。（令 2.7 〜 12 ほか）

⑧**白血球の一種であるリンパ球**には、**細菌や異物を認識し攻撃する B**
リンパ球と抗体を産生する T リンパ球などがあり、**免疫反応に関与**
している。（平 28.1 〜 6 ほか）

⑨**リンパ球は、白血球の約 30%**を占め、**T リンパ球や B リンパ球**など
の種類があり、**免疫反応に関与**している。（平 30.7 〜 12 ほか）

⑩**好中球**は、**白血球の約 60%**を占め、偽足を出してアメーバ様運動を
行い、体内に侵入してきた**細菌などを貪食**する。（令元.7 〜 12 ほか）

⑪血漿中の蛋質のうち、**アルブミンは血液の浸透圧の維持**に関与して
いる。（令 5.1 〜 6 ほか）

⑫血漿中の蛋質のうち、**グロブリンは血液浸透圧の維持**に関与し、**ア**
ルブミンは免疫物質の抗体を含む。（令 4.7 〜 12）

⑬**血液は、血漿成分と有形成分**から成り、血漿成分は**血液容積の約**
55%を占める。（令 4.1 〜 6 ほか）

⑭**血液は、血漿と有形成分**から成り、**有形成分は赤血球、白血球及び血**
小板から成る。（令 4.7 〜 12 ほか）

⑮**血液の凝固**は、**血漿中のフィブリノーゲンがフィブリンに変化**し、赤
血球などが絡みついて固まる現象である。（令 5.1 〜 6 ほか）

⑯血漿中の水溶性蛋白質である**フィブリンがフィブリノーゲンに変化**す
る現象が、**血液の凝集反応**である。（令 2.7 〜 12 ほか）

⑰ **ABO 式血液型**は、**白血球による血液型分類の一つで、A 型血液の**
血清は抗 A 抗体をもつ。（平 30.7 〜 12）

パターン①〜⑦は赤血球に関する知識が問われている。

まず、**パターン①は、赤血球は骨髄で産生**され、**寿命は約 120 日、血球の中で最も多い**ということで**正しい**。すると、**パターン②も正しい**ことがわかる。なお、**白血球の寿命は 3 〜 4 日**だ。特にパターン②は過去 10 年間で 5 回も出題されているので、押さえておこう。

さらに、**パターン③は、赤血球中のヘモグロビンが酸素を運搬**するという話で、これも**正しい**。

次に**パターン④〜⑥はヘマトクリット**の話だが、**ヘマトクリットとは、血液中に占める赤血球の相対的容積の割合**だ。よって、**パターン④は「白血球」、パターン⑥は「血小板」となっている点で誤っている**。

そして、**パターン⑤は前半は正しいが、貧血では値が低くなるので誤っている**。ヘマトクリットについては、このようなヒッカケ問題が出てくるので注意しよう。

パターン⑦は、赤血球が血液凝固を促進させる物質を放出するかという点だが、これは誤っている。損傷部位から血管外に出ると、血栓（血液の固まり）をつくるのは**血小板**である。そして、この血液の凝固を促進させる物質を放出するのは**血漿**だ。

次に、**パターン⑧〜⑩は白血球**についての問題である。**白血球は免疫反応に関与し、細菌や異物を認識し攻撃する T リンパ球と抗体を産生する B リンパ球**などがある。よって、**パターン⑧は説明が逆になっており、誤っている**。そして、**リンパ球が白血球中に占める割合は約 30%**なので、**パターン⑨は正しい**。

パターン⑩は、白血球中の好中球の話だが、**白血球の約 60%を占め、偽足を出してアメーバ様運動を行い、細菌などを貪食するので正しい内容**だ。

この先は、ほぼ血漿についての問題だ。まず**パターン⑪**だが、血漿中の蛋白質のうち、**アルブミンは血液の浸透圧の維持に関与しているので正しい。**そうなると、**パターン⑫は誤っている。グロブリンは免疫機能に関与**する蛋白質だ。

このパターン⑪⑫は、**過去10年間で7回も出題**されているパターンだぞ！

　そして、**パターン⑬**だが、**血液は血漿と有形成分から成っており、血漿は「血液」の容積の約55%程度を占めるので正しい。**

　ここまでの総まとめ的な問題が**パターン⑭**だ。**血液の主な「有形」成分は、赤血球、白血球、血小板の3つ**で、**「液体」成分が血漿だ。正しい。**

　パターン⑮と⑯は、「凝固」と「凝集」について問われている。血液の「凝固」とは、血漿中の**フィブリノーゲン（線維素原）がフィブリン（線維素）**に変化する現象であり、**パターン⑮は正しい。**

　しかし、**パターン⑯の「凝集」**は、赤血球にある**「凝集原」**というものと、**他人の血清中の「凝集素」**というものが**反応を起こして、赤血球が寄り集まる現象**をいう。また、**フィブリンとフィブリノーゲンが逆**だ。よって、**誤っている。**

「凝固」と「凝集」の問題は、**過去10年間で合わせて12回も出題**されているので、ここも注意しておこう！

最後の**パターン⑰**は、頻出度が低いので触れていない。いわゆる血液型の話だ。白血球ではなく、**赤血球のA型血液の血清中には抗B抗体、B型血液の血清中には抗A抗体**があるので、**誤っている。**

もしこの問題が出たら「逆！」というイメージをもっておけば、対応できるぞ。

直前に再チェック！

①赤血球の産生が行われるところは…　　　　　　　　　**➡骨髄！**

②赤血球の寿命は…　　　　　　　　　　　　　　**➡約120日！**

③ヘマトクリットとは…　　　**➡血液中に占める赤血球の容積の割合！**

④白血球中の異物を攻撃する細胞は…　　　**➡T細胞（Tリンパ球）！**

⑤白血球中の抗体を産生する細胞は…　　　**➡B細胞（Bリンパ球）！**

⑥血漿中の蛋白質のうち血液の浸透圧の維持に関与するのは…
　　　　　　　　　　　　　　　　　　　　　➡アルブミン！

⑦血漿中の蛋白質のうち免疫機能に関与するのは…　　**➡グロブリン！**

⑧血液の凝固とは…
　　　　➡血漿中のフィブリノーゲン（線維素原）がフィブリン
　　　　（線維素）に変化する現象！

答えは「問題文」の中にある！ウラ技を伝授しよう！

どんなに学習しても、実際の試験では迷うこともある。攻略パターンの最後に、試験で役立つ必殺テクニックを紹介しよう！

　ここまで本書では、第2種衛生管理者試験の様々な出題・攻略パターンを紹介してきた。最後に知識を身に付ける学習からすっぱり外れて、**本試験現場における解答テクニック**を紹介しよう。問題文（選択肢）には一定のパターンがあることを知っておけば、本試験現場で判断に迷ったときの"道しるべ"となるはずだ。

「ことがある」「場合がある」は正しい！

　まずは、**問題文に「ことがある」「場合がある」というフレーズが含まれる**ケースの話だ。**問題がこれらのフレーズで終われば、その選択肢は正しい！**…という話である。

　過去問を分析すると、このフレーズは特に**労働衛生（採光・照明に関する問題）**や、**労働生理（ストレスに関する問題）**において頻繁に見られ、**正しい選択肢となる確率は90%近く**にのぼるので、なかなかの確率だ。

　どうして正しい選択肢になるのかと言えば、**可能性を一切否定できる事がらはそうそうない**…ということだ。「そういうこともありうるか？」「そういう場合もありうるか？」と問われれば、そりゃ可能性を完全否定することはできないであろう。ともかく、とやかく語らずに、実際の問題で確認してみよう。

> 照明などの視環境に関する次の記述のうち、**誤っているもの**はどれか。
>
> （2）あらゆる方向から同程度の明るさの光がくると、見るものに影ができなくなり、立体感がなくなってしまう<u>ことがある</u>。

　本問のパターンは 101 ページでも触れたところだ。**問題文の最後に「ことがある」**という記述から、本問に関する正確な知識がなかったとしても、**この選択肢は正しい**と判断できてしまうのだ！

　　全方位から同程度の明るさの光がくると、**影ができなくなる**。結果、立体感がなくなってしまい、**立体物の把握がしづらくなる**。

　もう1問紹介しよう。

令和2年1月〜6月実施分　問18

> 一次救命処置に関する次の記述のうち、<u>正しいもの</u>はどれか。
>
> （4）気道が確保されていない状態で人工呼吸を行うと、吹き込んだ息が胃に流入し、胃が膨張して内容物が口の方に逆流し気道閉塞を招く<u>ことがある</u>。

　本問は一次救命処置に関する問題であり、本書では触れていない。しかし、**問題文の最後に「ことがある」**という記述から、やはり**この選択肢は正しく**、しかも、「**正しいもの**」を選ぶ問題なので、**そのまま正解できる！**

念のため確認しておくと、**気道が確保されていない状態で人工呼吸**を行うと、吹き込んだ息が胃に流入し、**胃が膨張して内容物が口の方に逆流し、気道閉塞を招くことがある。**よって、**一次救命処置のポイントの１つに「気道確保」があるのだ。**顎を上げて、頭を後ろに反らせることで、吐物や吐血が気管に入らないようにするのだ。

　この気道確保は、**傷病者を仰向け**にして、**片手で額を押さえ**ながら、**もう一方の手で顎を持ち上げ、頭を後ろに反らせる**という「頭部後屈顎先挙上法」を用いる。

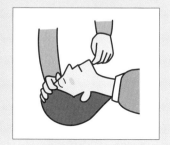

😷 「原則として」は、正しい選択肢だ！

　次に**問題文中に「原則として」**という記述がある場合、**その選択肢は正しい可能性が高い！**…というものだ。

　なぜ問題文中に「原則として」とあると、その選択肢が**正しく**なるかの理由は「法律のしくみ」と「出題者のクセ」と推測できる。そもそも法律は、基本的に「原則と例外」が規定されている。原則は○○だが、やむを得ない場合等は△△とする…といったぐあいだ。

　そして、問題文中にわざわざ「原則として」とある場合、その問題文のケースでは、例外が存在していますよ…ということを暗に示していることとなる。

　出題者が誤りの選択肢をつくろうとした場合、わざわざ「例外もありえます」というアナウンスをしなくてもよかろう。**正しい選択肢として成立させるため、「原則として」は必要なツール**なのだ。では、実際の問題で確認してみよう。

> 事務室の空気環境の測定、設備の点検等に関する次の記述のうち、法令上、誤っているものはどれか。
>
> （5）空気調和設備内に設けられた排水受けについては、原則として、1か月以内ごとに1回、定期に、その汚れ及び閉塞の状況を点検しなければならない。

本問の知識は78ページでも触れたので、解説はそちらを参照してほしい。結論として、**正しい**のだ。**問題文に「原則として」とある**ことから、**この選択肢は正しいと推測**できる。では、もう1問だけ紹介しよう。

令4年7月～12月実施分　問5

> 労働時間の状況等が一定の要件に該当する労働者に対して、法令により実施することが義務付けられている医師による面接指導に関する次の記述のうち、正しいものはどれか。（問題一部省略）
>
> （1）面接指導の対象となる労働者の要件は、原則として、休憩時間を除き1週間当たり40時間を超えて労働させた場合におけるその超えた時間が1か月当たり80時間を超え、かつ、疲労の蓄積が認められる者であることとする。

本問の知識も55ページで触れたので、解説はそちらを参照してほしい。結論として、**この選択肢(1)は正しく、本問は「正しいもの」を選ぶ問題なので、そのまま正解できる。**

ここで紹介するテクニックは統計に基づくもので絶対ではない。しかし、1つの拠り所にはなるはずだ。

😊 「すべて○○」とくれば、誤っている！

次に問題文中に「すべて○○」という記述がある場合、その選択肢は誤っている可能性が高い！…というものだ。その理由は「すべて○○」というシンプルなケースはさほどないということだ。ここでも実際の過去問で確認してみよう。

平成27年1月～6月実施分　問3

> 衛生委員会に関する次の記述のうち、法令上、正しいものはどれか。
>
> （3）事業場で選任している衛生管理者は、すべて衛生委員会の委員としなければならない。

少し見つけにくいのが難点だが、本肢には**「すべて」というフレーズ**が使用されており、**この選択肢は誤っている可能性が高い。**

本問も38ページで触れた話だが確認しておくと、確かに、**衛生委員会の委員は「衛生管理者のうちから、事業者が指名した者」で構成する**ものとされている。

しかし、**すべての衛生管理者を、衛生委員会の委員にすべきとは規定されていない**（安衛法18条2項2号）。したがって、この選択肢（3）は**誤っている**のだ。

ここで紹介するテクニックの使い方が、わかってきたであろう。最後に少し異なるテクニックも紹介して終わろう。

穴埋め問題における「1人ぼっち」は、誤っている！

ここは穴埋め問題等において、実際の問題文を読む前に、**提示された選択肢やワード（組合せ）を見る**ことで、**1〜2個の選択肢を切る**ことができるという話だ。これは第2種衛生管理者試験に限らず、択一式試験が行われる試験の常套手段なので、参考にしてほしい。

> 択一式試験が得意な人は、このようなテクニックが自然に身に付いていることが多い。使えるテクニックはすべて使ってしまおう！

これは実際の過去問を見たほうが早いので、以下の問題を見てほしい。

令和2年1月〜6月実施分　問15

メタボリックシンドローム診断基準に関する次の文中の _____ 内に入れるAからCの語句又は数値の組合せとして、正しいものは（1）〜（5）のうちどれか。

「日本人のメタボリックシンドローム診断基準で、腹部肥満（ A 脂肪の蓄積）とされるのは、腹囲が男性では B cm以上、女性では C cm以上の場合である。」

	A	B	C
(1)	内臓	85	90
(2)	内臓	90	85
(3)	皮下	85	90
(4)	皮下	90	85
(5)	体	95	90

他の選択肢と見比べて、
1人ぼっちの語句が含まれる
選択肢は正解にならない！

結論として、**この問題の正解は（1）**だ。

そして、AとBに入る語句（つまり縦列）を確認すると、**選択肢（5）だけ「体」「95」**とあり、**この語句は1人ぼっち**になっている。**こういう語句が含まれる選択肢（5）は正解にならない！**…ということだ。

この理由は簡単である。本問でもし空欄Aに入る語句が「体」であった場合、ここだけ判断できれば正解できてしまう。つまり、出題者にとってはリスキーな出題方法なのだ。もう1問紹介してみよう。

令和元年7月〜12月実施分　問13（一部改題）

WBGT（湿球黒球温度）に関する次の文中の□□□□内に入れるAからCの語句の組合せとして、正しいものは（1）〜（5）のうちどれか。

「WBGTは、労働環境において作業者が受ける暑熱環境による熱ストレスの評価を行う簡便な指標で、その値は次の式により算出される。

日射のある場合：

WBGT = 0.7 × | **A** | + 0.2 × | **B** | + 0.1 × | **C** |

日射のない場合：

WBGT = 0.7 × | **A** | + 0.3 × | **B** | 」

	A	B	C
(1)	自然湿球温度	黒球温度	乾球温度
(2)	自然湿球温度	乾球温度	黒球温度
(3)	乾球温度	黒球温度	自然湿球温度
(4)	乾球温度	自然湿球温度	黒球温度
(5)	黒球温度	自然湿球温度	乾球温度

本問では、**（2）（3）（5）で1人ぼっちの語句**が出てくる。つまり、**これ
らの選択肢が正解となる確率は低い**。そして実際に、**この問題の正解は（1）**
なのだ。

> WBGTの計算式については、86ページからがっち
> り解説したので、詳しくはそちらを参照してほしい。

　このテクニックは選択肢を削る効果しかないが、わからない穴埋め問題
が出た場合、完全にヤマカンで解答するよりかは、より正解率が高まる効
果がある。
　以上のように、ウラ技的な解答テクニックだが、こんな解き方があるこ
とも頭の隅に置いておいても損はないだろう。参考にしてみてほしい。

直前に再チェック！

①問題文に「ことがある」「場合がある」とあれば…

　　　　　　　　➡その選択肢は**正しい**可能性が高い！

②問題文に「原則として」とあれば…

　　　　　　　　➡その選択肢は**正しい**可能性が高い！

③問題文に「すべて〇〇」とあれば…

　　　　　　　　➡その選択肢は**誤っている**可能性が高い！

④穴埋め問題で1人ぼっちの語句があれば…

　　　　　　　　➡その選択肢は**誤っている**可能性が高い！

Part 4
一問一答で
知識を確認&プラスしよう！

ここではPart1 〜 Part3で学習した内容について、特に重要な知識を中心とした確認問題を掲載します。多くの出題パターンを確認してきましたが、最後に必要な知識が身についているかのチェックです！

1章の「関係法令」における解説中の参照条文について、労働安全衛生法は「法」、労働安全衛生法施行令は「令」、労働安全衛生規則は「則」、事務所衛生基準規則は「事務所則」、労働基準法は「労基法」、労働基準法施行規則は「労基則」と省略した形で表記しています。

1章　関係法令

+++

問1 常時使用する労働者数が1,000人を超え2,000人以下の事業場では、少なくとも3人の衛生管理者を選任しなければならない。

問2 常時800人の労働者を使用する事業場において、3人の衛生管理者のうち1人を事業場に専属の第二種衛生管理者から選任し、他の2人を専属でない労働衛生コンサルタントから選任している。

問3 常時2,000人を超え3,000人以下の労働者を使用する事業場では、4人の衛生管理者を選任しなければならない。

問4 常時使用する労働者数が2,000人以上の事業場では、専任の衛生管理者を2人以上選任しなければならない。

問5 常時使用する労働者数が60人の旅館業の事業場では、第二種衛生管理者免許を有する者のうちから衛生管理者を選任することができる。

問6 常時50人以上の労働者を使用するゴルフ場業の事業場では、第二種衛生管理者免許を有する者のうちから衛生管理者を選任することができる。

問7 衛生管理者は、選任すべき事由が発生してから30日以内に選任しなければならない。

問8 衛生管理者を選任したときは、14日以内に、所轄労働基準監督署長に報告しなければならない。

答1 ✕
労働者数 1,000 人を超え 2,000 人以下の事業場では、**4 人以上**の衛生管理者を選任しなければならない（則 7 条 1 項 4 号）。15 ページの Study ①を確認しよう。

答2 ✕
衛生管理者数が 3 人という点は**正しい**が、衛生管理者を 2 人以上選任し、労働衛生コンサルタントから選任する場合、労働衛生コンサルタントの 1 人は**専属**でなければならない（同条項 2 号）。

答3 ✕
2,000 人を超え 3,000 人以下の労働者を使用する事業場では、**5 人以上**の衛生管理者を選任しなければならない（同条項 4 号）。15 ページの Study ①を確認しよう。

答4 ✕
労働者数が **1,000 人を超える**場合、専任の衛生管理者は少なくとも 1 人以上必要である（同条項 5 号）。しかし、2 人以上選任しなければならないという義務は**ない**。

答5 ○
旅館業においては第 2 種衛生管理者を選任**できる**。そして、50 人以上 200 人までの労働者を使用する場合は 1 人選任すればよい（同条項 3 号ロ、4 号）。

答6 ○
ゴルフ場業は第 2 種衛生管理者を選任**できる**。そして、50 人以上 200 人までの労働者を使用する場合は 1 人選任すればよい（同条項 3 号ロ、4 号）。

答7 ✕
衛生管理者の選任期限は、選任の発生事由の日から **14 日以内**である（同条項 1 号）。

答8 ✕
衛生管理者の選任報告は、選任後、**遅滞なく**行わなければならない（則 7 条 2 項）。「14 日以内」というのは、衛生管理者の**選任期限**である（同条 1 項 1 号）。

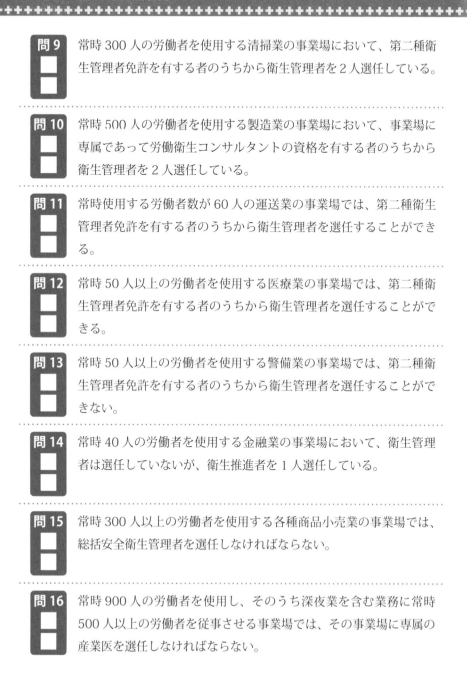

問 9 常時 300 人の労働者を使用する清掃業の事業場において、第二種衛生管理者免許を有する者のうちから衛生管理者を 2 人選任している。

問 10 常時 500 人の労働者を使用する製造業の事業場において、事業場に専属であって労働衛生コンサルタントの資格を有する者のうちから衛生管理者を 2 人選任している。

問 11 常時使用する労働者数が 60 人の運送業の事業場では、第二種衛生管理者免許を有する者のうちから衛生管理者を選任することができる。

問 12 常時 50 人以上の労働者を使用する医療業の事業場では、第二種衛生管理者免許を有する者のうちから衛生管理者を選任することができる。

問 13 常時 50 人以上の労働者を使用する警備業の事業場では、第二種衛生管理者免許を有する者のうちから衛生管理者を選任することができない。

問 14 常時 40 人の労働者を使用する金融業の事業場において、衛生管理者は選任していないが、衛生推進者を 1 人選任している。

問 15 常時 300 人以上の労働者を使用する各種商品小売業の事業場では、総括安全衛生管理者を選任しなければならない。

問 16 常時 900 人の労働者を使用し、そのうち深夜業を含む業務に常時 500 人以上の労働者を従事させる事業場では、その事業場に専属の産業医を選任しなければならない。

答9
✕
清掃業においては、第2種衛生管理者を選任できない。選任できるのは、**第1種衛生管理者、衛生工学衛生管理者、労働衛生コンサルタント**等である（則7条1項3号イ）。

答10
○
製造業では、第2種衛生管理者を選任**できない**。しかし、500人の事業場なので、専属の労働衛生コンサルタントから2人を選任するという選任数は**正しく、要件を満たす**（同条項4号、3号イ）。

答11
✕
運送業においては、第2種衛生管理者を選任**できない**。選任できるのは、**第1種衛生管理者、衛生工学衛生管理者、労働衛生コンサルタント**等である（同条項3号イ）。

答12
✕
医療業においては、第2種衛生管理者を選任**できない**。選任できるのは、**第1種衛生管理者、衛生工学衛生管理者、労働衛生コンサルタント**等である（同条項3号イ）。

答13
✕
警備業においては、第2種衛生管理者を選任**できる**（同条項3号ロ）。警備業についてもよく出題されるので、選任**できる**業種として覚えておこう。

答14
○
50人未満の事業場に衛生管理者の選任義務はない。また、労働者数が10人以上～50人未満の事業場で、第2種衛生管理者を選任できる業種では衛生推進者を選任**できる**（法12条の2、則12条の2）。

答15
○
各種商品小売業では、**300人以上**の労働者を使用する場合に総括安全衛生管理者を選任しなければならない（令2条2号）。

答16
○
専属の産業医が必要となるのは、①**深夜業を含む一定の有害業務**で**500人以上**、②すべての業種で**1,000人以上**の労働者がいる場合である（則13条1項3号ヌ）。本問は①に該当する。

1章 関係法令

問 17　衛生委員会の議長を除く全委員は、事業場の労働組合又は労働者の過半数を代表する者の推薦に基づき指名しなければならない。

問 18　衛生委員会の委員として、事業場に専属でない産業医を指名することはできない。

問 19　衛生委員会の議長は、原則として、総括安全衛生管理者又は総括安全衛生管理者以外の者で事業場においてその事業の実施を統括管理するもの若しくはこれに準ずる者のうちから事業者が指名した委員がなる。

問 20　衛生委員会は、毎月1回以上開催するようにし、重要な議事に係る記録を作成して、これを5年間保存しなければならない。

問 21　衛生委員会及び安全委員会の設置に代えて安全衛生委員会を設置することはできない。

問 22　当該事業場の労働者で、衛生に関し経験を有するものを衛生委員会の委員として指名することができる。

問 23　衛生管理者として選任しているが事業場に専属ではない労働衛生コンサルタントを、衛生委員会の委員として指名することはできない。

問 24　衛生委員会の付議事項には、労働者の精神的健康の保持増進を図るための対策の樹立に関することが含まれる。

+++

答17 ✕ 事業者は衛生委員会の委員の**半数**は、労働組合又は労働者の過半数を代表する者の推薦に基づき指名しなければならない（法18条4項、17条4項）。議長を除く全委員**ではない**。

答18 ✕ 産業医を衛生委員会の委員として指名する場合、専属であることまでは要求**されていない**（法18条2項3号）。

答19 ◯ 衛生委員会の議長は、**総括安全衛生管理者**又は当該事業場においてその**事業の実施を統括管理**するもの若しくはこれに**準ずる者**でなければならない（同条項1号）。

答20 ✕ 事業者は、衛生委員会を**毎月1回以上**開催し、その都度、重要な事項を記録して、これを**3年間**保存しなければならない（則23条1項、4項）。

答21 ✕ 衛生委員会及び安全委員会を設置しなければならない事業場においては、それぞれの委員会に代えて安全衛生委員会を設置することが**できる**（法19条1項）。

答22 ◯ 衛生委員会の委員として、事業場の労働者で、衛生に関し経験を有するものを衛生委員会の委員として指名することが**できる**（法18条2項4号）。

答23 ✕ 事業場に専属していない労働衛生コンサルタントを衛生委員会の委員として指名することは**できる**（同条項2号）。

答24 ◯ 本問の知識は本書で触れていないが、衛生委員会の付議事項には、労働者の精神的健康の保持増進を図るための**対策の樹立**に関することが含まれている（則22条10号）。

1章　関係法令

問 25
定期健康診断項目のうち、厚生労働大臣が定める基準に基づき、医師が必要でないと認めるときは、省略することができる項目に該当しないものはどれか。
(1) 血糖検査 (2) 心電図検査 (3) 肝機能検査
(4) 血中脂質検査 (5) 尿検査

問 26
雇入時の健康診断において、医師による健康診断を受けた後 3 か月を経過しない者が、その健康診断結果を証明する書面を提出したときは、その健康診断の項目に相当する項目を省略している。

問 27
雇入時の健康診断の結果に基づき、健康診断個人票を作成して、これを 5 年間保存しなければならない。

問 28
常時 50 人の労働者を使用する事業場において、定期健康診断の結果については、遅滞なく、所轄労働基準監督署長に報告を行っているが、雇入時の健康診断の結果については報告を行っていない。

問 29
労働者に対して行うストレスチェックの事項は、「職場における当該労働者の心理的な負担の原因」、「当該労働者の心理的な負担による心身の自覚症状」及び「職場における他の労働者による当該労働者への支援」に関する項目である。

問 30
常時 50 人以上の労働者を使用する事業場においては、6 か月以内ごとに 1 回、定期にストレスチェックを行わなければならない。

問 31
長時間労働に関する面接指導は、その対象となる要件に該当する労働者の申出により行われる。

答 25
(5)

本問は定期健康診断項目に関して「省略できない」項目が問われている。省略できない項目は、本書紹介のゴロ合わせでいえば「自他ともに、略さず知りたい（**自覚・他覚症状**、**省略できない**）、血尿記録（**血圧、尿検査**）」である（則44条1項、2項）。

答 26
○

雇入時の健康診断においては、原則として、すべての項目を省略できない。しかし、特例として、本問のようなケースにおいては、当該健康診断の項目について省略することが**できる**（則43条）。

答 27
○

雇入時及び定期健康診断における記録の保存期間は、ともに**5年間**である（則51条）。

答 28
○

定期健康診断の結果について、常時**50人以上**の労働者を使用する事業場では、遅滞なく、所轄労働基準監督署長に報告しなければならないが（則52条）、雇入時の健康診断の結果についてそのような義務は**ない**。

答 29
○

ストレスチェックの検査項目は、①原因、②自覚症状、③支援（サポート）の3項目である。この3項目を覚えておこう。

答 30
×

ストレスチェックの実施の規模である「50人以上」は正しいが、検査期間は6か月以内で**はなく**「1年以内ごと」なので、**誤っている**。

答 31
○

長時間労働に関する面接指導の実施については、ストレスチェックにも共通して、あくまでも**労働者の申出**により行う。

1章

関係法令

1章　関係法令

面接指導、事業場の衛生基準

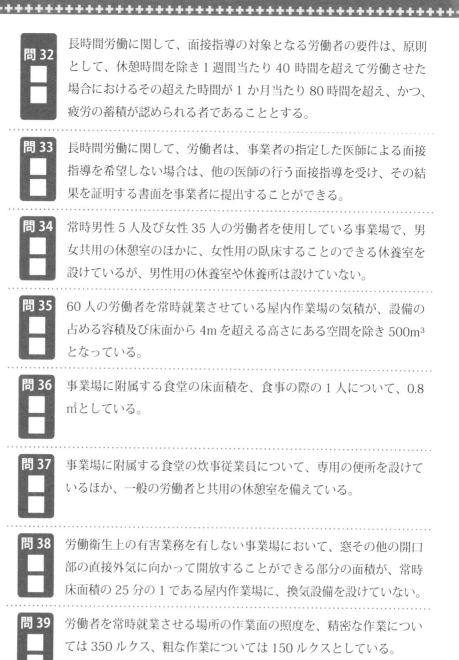

問32
長時間労働に関して、面接指導の対象となる労働者の要件は、原則として、休憩時間を除き1週間当たり40時間を超えて労働させた場合におけるその超えた時間が1か月当たり80時間を超え、かつ、疲労の蓄積が認められる者であることとする。

問33
長時間労働に関して、労働者は、事業者の指定した医師による面接指導を希望しない場合は、他の医師の行う面接指導を受け、その結果を証明する書面を事業者に提出することができる。

問34
常時男性5人及び女性35人の労働者を使用している事業場で、男女共用の休憩室のほかに、女性用の臥床することのできる休養室を設けているが、男性用の休養室や休養所は設けていない。

問35
60人の労働者を常時就業させている屋内作業場の気積が、設備の占める容積及び床面から4mを超える高さにある空間を除き500m³となっている。

問36
事業場に附属する食堂の床面積を、食事の際の1人について、0.8㎡としている。

問37
事業場に附属する食堂の炊事従業員について、専用の便所を設けているほか、一般の労働者と共用の休憩室を備えている。

問38
労働衛生上の有害業務を有しない事業場において、窓その他の開口部の直接外気に向かって開放することができる部分の面積が、常時床面積の25分の1である屋内作業場に、換気設備を設けていない。

問39
労働者を常時就業させる場所の作業面の照度を、精密な作業については350ルクス、粗な作業については150ルクスとしている。

長時間労働に関して、面接指導の対象となる労働者の要件は記述の
とおりであり正しい（則52条の2）。

ここでのポイントは、長時間労働の面接指導医は事業場専属の産業
医に限定されず、非専属の産業医又は他の医師でもよいということ
である（法66条の8第2項）。

男女50人以上又は女性30人以上の労働者を使用する事業場では、
休養室等を男女別に設けなければならない（則618条）。本問では、
男性用の休養室等も設けなければならない。

気積は、設備の占める容積及び床面から4mを超える高さの空間を
除き、労働者1人あたり10 m³以上が必要である（則600条）。
60人の屋内作業場の場合、600 m³以上必要となる。

事業場に附属する食堂の床面積は、1人1 m²以上としなければな
らないので、0.8m²では基準に違反する（則630条2号）。

事業場に附属する食堂の炊事従業員に対しては、衛生状態を保つた
めに、一般従業員とは区別して、専用の休憩室及び便所を設けなけ
ればならない（同条11号）。

屋内作業場では、窓その他開口部の直接外気に向かって開放するこ
とができる部分の面積を、床面積の20分の1以上としなければなら
ないので、25分の1では足りない（則601条1項）。

作業面の照度は、作業の区分により、精密な作業は300ルクス以上、
粗な作業は70ルクス以上とされている（則604条）。

1章 関係法令

事務室の空気環境

+++

問 40
空気調和設備を設けている場合は、室に供給される空気中に占める一酸化炭素の含有率は、100万分の＿＿＿以下となるように調整しなければならない。

問 41
空気調和設備を設けている場合は、室に供給される空気中に占める二酸化炭素の含有率は、100万分の＿＿＿以下となるように調整しなければならない。

問 42
空気調和設備を設けている場合は、室の気温が＿＿＿℃以上＿＿＿℃以下になるように努めなければならない。
改正

問 43
空気調和設備を設けている場合は、室の相対湿度が＿＿＿％以上＿＿＿％以下になるように努めなければならない。

問 44
空気調和設備又は機械換気設備を設けている場合は、室に供給される空気について、1気圧、温度25℃とした場合の当該空気 $1m^3$ 中に含まれる浮遊粉じん量が＿＿＿mg以下となるよう当該設備を調整しなければならない。

問 45
空気調和設備又は機械換気設備を設けている場合は、室に供給される空気について、1気圧、温度25℃とした場合の当該空気 $1m^3$ 中に含まれるホルムアルデヒドの量が＿＿＿mg以下となるよう当該設備を調整しなければならない。

答40
10

室に供給される空気中に占める一酸化炭素の含有率は、100万分の10以下としなければならない（事務所則5条1項2号）。67ページで紹介した「いっさんが父さん（**一酸化炭素含有率、100万分の10以下**）」というゴロ合わせである。

答41
1000

室に供給される空気中に占める二酸化炭素の含有率は、100万分の1,000以下としなければならない（同条項同号）。67ページで紹介した「兄さんはセンちゃん（**二酸化炭素含有率、100万分の1,000以下**）」というゴロ合わせである。

答42
18
28

空気調和設備を設けている場合は、室の気温が18℃以上28℃以下になるように努めなければならない（同条3項）。

答43
40
70

空気調和設備を設けている場合は、室の相対湿度が40%以上70%以下になるように努めなければならない（同条3項）。

答44
0.15

空気中の浮遊粉じん量については、67ページで紹介した「おいっこ、獅子奮迅！（0.15mg/m^3以下、浮遊粉じん量）」というゴロ合わせを思い出してほしい（同条1項1号）。

答45
0.1

空気中のホルムアルデヒド量については、67ページで紹介した「おいおい掘る！（0.1mg/m^3以下、**ホルムアルデヒド量**）」というゴロ合わせを思い出してほしい（同条項3号）。

1章　関係法令

年次有給休暇

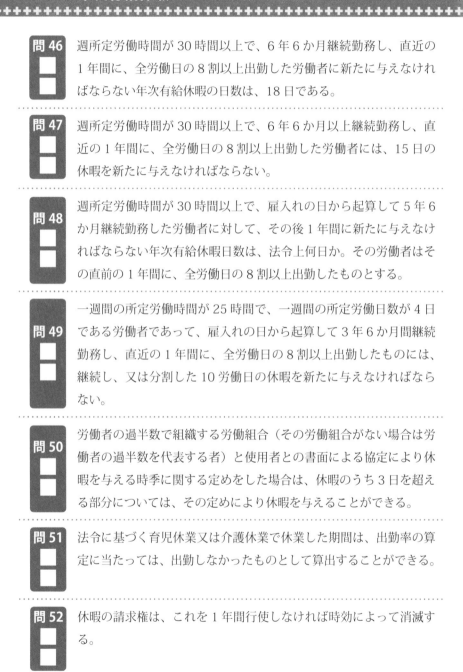

問46
週所定労働時間が 30 時間以上で、6 年 6 か月継続勤務し、直近の 1 年間に、全労働日の 8 割以上出勤した労働者に新たに与えなければならない年次有給休暇の日数は、18 日である。

問47
週所定労働時間が 30 時間以上で、6 年 6 か月以上継続勤務し、直近の 1 年間に、全労働日の 8 割以上出勤した労働者には、15 日の休暇を新たに与えなければならない。

問48
週所定労働時間が 30 時間以上で、雇入れの日から起算して 5 年 6 か月継続勤務した労働者に対して、その後 1 年間に新たに与えなければならない年次有給休暇日数は、法令上何日か。その労働者はその直前の 1 年間に、全労働日の 8 割以上出勤したものとする。

問49
一週間の所定労働時間が 25 時間で、一週間の所定労働日数が 4 日である労働者であって、雇入れの日から起算して 3 年 6 か月間継続勤務し、直近の 1 年間に、全労働日の 8 割以上出勤したものには、継続し、又は分割した 10 労働日の休暇を新たに与えなければならない。

問50
労働者の過半数で組織する労働組合（その労働組合がない場合は労働者の過半数を代表する者）と使用者との書面による協定により休暇を与える時季に関する定めをした場合は、休暇のうち 3 日を超える部分については、その定めにより休暇を与えることができる。

問51
法令に基づく育児休業又は介護休業で休業した期間は、出勤率の算定に当たっては、出勤しなかったものとして算出することができる。

問52
休暇の請求権は、これを 1 年間行使しなければ時効によって消滅する。

答46 ✕　週所定労働時間が30時間以上の労働者で、雇入れの日から起算して6年6か月継続勤務し、直近の1年間に、全労働日の8割以上出勤していれば、20日の休暇を取得できる（労基法39条2項）。

答47 ✕　上と同じ問題だが「6年6か月以上継続勤務」ということは**最大**の年次有給休暇である**20日**分を取得できる。この点はしっかり記憶しておこう。

答48 18日　継続勤務が「5年6か月」ということは、「最大6年6か月＝20日」から2日引くと考えるのが早い。つまり、18日分を取得できることになる。

答49 ○　週所定労働時間が**30時間未満**、週4日なので短時間労働者のケースである。雇入れの日から**6か月で7日**を基準に考え、**3年6か月**までは1年ごとに1日増える。よって、**10日**分を取得できる（労基法39条3項、労基則24条の3第3項）。なお、4年6か月で**12日**、5年6か月で**13日**、6年6か月で**15日**が最大となる。

答50 ✕　使用者は、書面による労使協定により、有給休暇日数のうち**5日**を超える部分について計画的に付与する定め（計画的付与）をしたときは、時季を定めて年次有給休暇を与えることができる（労基法39条6項）。3日ではない。

答51 ✕　年次有給休暇の出勤率の算定に当たっては、育児休業・介護休業期間は**出勤したものとみなされる**（労基法39条10項）。

答52 ✕　年次有給休暇の請求権は、その権利が行使できる時から**2年間**行使しなければ、時効によって消滅する（労基法115条）。

1章　関係法令

設備の点検等

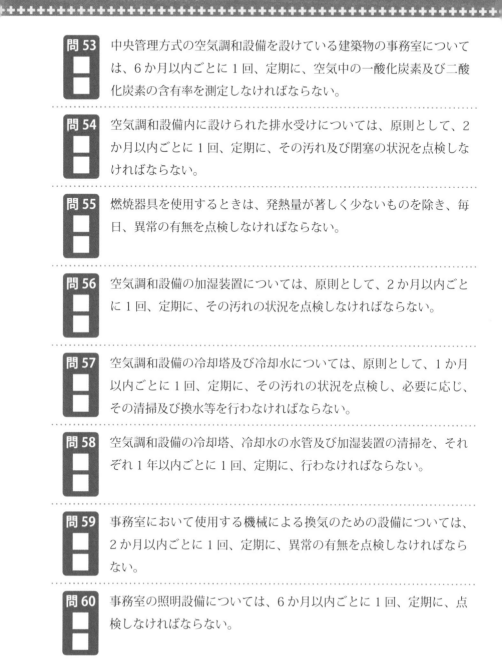

問 53
中央管理方式の空気調和設備を設けている建築物の事務室については、6か月以内ごとに1回、定期に、空気中の一酸化炭素及び二酸化炭素の含有率を測定しなければならない。

問 54
空気調和設備内に設けられた排水受けについては、原則として、2か月以内ごとに1回、定期に、その汚れ及び閉塞の状況を点検しなければならない。

問 55
燃焼器具を使用するときは、発熱量が著しく少ないものを除き、毎日、異常の有無を点検しなければならない。

問 56
空気調和設備の加湿装置については、原則として、2か月以内ごとに1回、定期に、その汚れの状況を点検しなければならない。

問 57
空気調和設備の冷却塔及び冷却水については、原則として、1か月以内ごとに1回、定期に、その汚れの状況を点検し、必要に応じ、その清掃及び換水等を行わなければならない。

問 58
空気調和設備の冷却塔、冷却水の水管及び加湿装置の清掃を、それぞれ1年以内ごとに1回、定期に、行わなければならない。

問 59
事務室において使用する機械による換気のための設備については、2か月以内ごとに1回、定期に、異常の有無を点検しなければならない。

問 60
事務室の照明設備については、6か月以内ごとに1回、定期に、点検しなければならない。

答53 ✕ 中央管理方式の空気調和設備を設けた事務室の一酸化炭素及び二酸化炭素含有率は、**2か月以内ごとに1回**、定期に、測定しなければならない（事務所則7条1項1号）。

答54 ✕ 空気調和設備内に設けられた排水受けについては、原則として、**1か月以内ごとに1回**、定期に、汚れ及び閉塞の状況を点検し、必要に応じて清掃等を行わなければならない（事務所則9条の2第4号）。

答55 ◯ 事務室の燃焼器具については、発熱量が著しく少ないものを除き、**毎日**、異常の有無を点検しなければならない（事務所則6条2項）。

答56 ✕ 空気調和設備の加湿装置については、原則として、1か月以内ごとに1回、定期に、汚れの状況を点検し、必要に応じ、清掃等を行わなければならない（事務所則9条の2第3号）。

答57 ◯ 空気調和設備の冷却塔及び冷却水については、原則として、1か月以内ごとに1回、定期に、その汚れの状況を点検し、必要に応じ、清掃及び換水等を行わなければならない（事務所則9条の2第2号）。

答58 ◯ 本問の記述のとおりである。空気調和設備の「冷却塔、冷却水の水管及び加湿装置の清掃」は、**1年以内ごと**となるので注意しておこう（事務所則9条の2第5号）。

答59 ◯ 機械による換気のための設備（機械換気設備）については、**2か月以内ごとに1回**、定期に、異常の有無を点検し、その記録を**3年間**保存しなければならない（事務所則9条）。

答60 ◯ 本問の記述のとおりである。79ページの「ストーブを毎日つける小6（**燃焼器具は毎日点検、照明設備は6か月に1回点検**）」というゴロ合わせを思い出そう（事務所則10条3項）。

2章　労働衛生

温熱環境

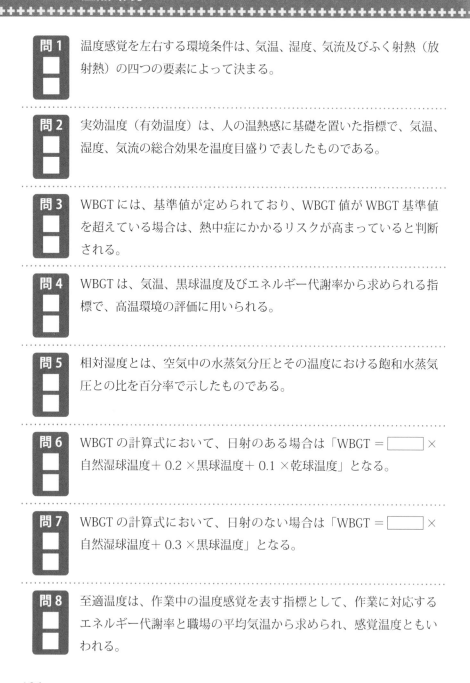

問1　温度感覚を左右する環境条件は、気温、湿度、気流及びふく射熱（放射熱）の四つの要素によって決まる。

問2　実効温度（有効温度）は、人の温熱感に基礎を置いた指標で、気温、湿度、気流の総合効果を温度目盛りで表したものである。

問3　WBGTには、基準値が定められており、WBGT値がWBGT基準値を超えている場合は、熱中症にかかるリスクが高まっていると判断される。

問4　WBGTは、気温、黒球温度及びエネルギー代謝率から求められる指標で、高温環境の評価に用いられる。

問5　相対湿度とは、空気中の水蒸気分圧とその温度における飽和水蒸気圧との比を百分率で示したものである。

問6　WBGTの計算式において、日射のある場合は「WBGT＝ □ ×自然湿球温度＋0.2×黒球温度＋0.1×乾球温度」となる。

問7　WBGTの計算式において、日射のない場合は「WBGT＝ □ ×自然湿球温度＋0.3×黒球温度」となる。

問8　至適温度は、作業中の温度感覚を表す指標として、作業に対応するエネルギー代謝率と職場の平均気温から求められ、感覚温度ともいわれる。

答1
○

温熱環境の基礎となる4つの要素は、**本問の記述のとおり**である。86ページの「音感がよく（温熱環境、4つの要素）気質の熱い、流れ者（気温、湿度、放射熱（ふく射熱）、気流）」を思い出そう。

答2
○

本問の記述のとおりである。なお、この実効温度の要素に「放射熱（ふく射熱）」が**含まれない**こともあわせて押さえておくこと。

答3
○

WBGTは算出した数値（℃）が基準値未満であれば、熱ストレス・熱中症リスクは**低く**、高ければ危険率が**高く**なる。

答4
×

高温環境の評価に用いられるWBGTは、**乾球温度、黒球温度、（自然）湿球温度**から求められ、エネルギー代謝率の値は必要で**はない**。

答5
○

相対湿度とは、空気中の**水蒸気量（分圧）**とその温度における**飽和水蒸気量（圧）**との比を百分率（%）で示したものである。

答6
0.7

日射のある場合は「WBGT＝**0.7**×自然湿球温度＋0.2×黒球温度＋0.1×乾球温度」となる。87ページのゴロ合わせも思い出そう。

答7
0.7

日射のない場合は「WBGT＝**0.7**×自然湿球温度＋0.3×黒球温度」となる。なお、2つの計算式ともに自然湿球温度の数値は0.7なので、これも拠り所に覚えよう。

答8
×

至適温度は、個人が生理的に**快適**と感じる温度のことで、作業の内容や年齢、性別などで**異なり**、季節、被服、飲食物等にも影響を**受ける**。

2章 労働衛生

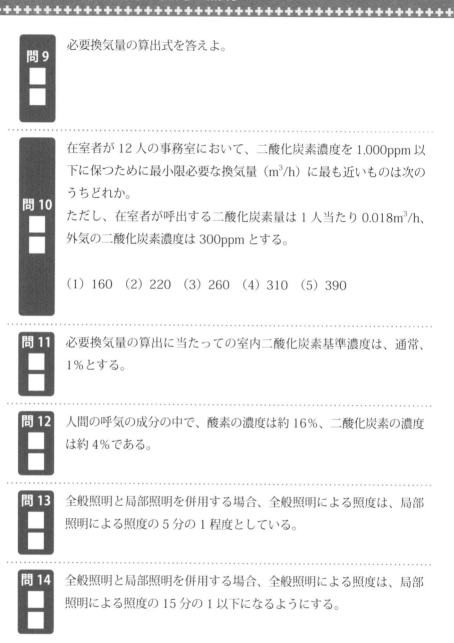

2章　労働衛生

必要換気量、採光・照明

問9 必要換気量の算出式を答えよ。

問10 在室者が12人の事務室において、二酸化炭素濃度を1,000ppm以下に保つために最小限必要な換気量（m³/h）に最も近いものは次のうちどれか。
ただし、在室者が呼出する二酸化炭素量は1人当たり0.018m³/h、外気の二酸化炭素濃度は300ppmとする。

(1) 160　(2) 220　(3) 260　(4) 310　(5) 390

問11 必要換気量の算出に当たっての室内二酸化炭素基準濃度は、通常、1%とする。

問12 人間の呼気の成分の中で、酸素の濃度は約16%、二酸化炭素の濃度は約4%である。

問13 全般照明と局部照明を併用する場合、全般照明による照度は、局部照明による照度の5分の1程度としている。

問14 全般照明と局部照明を併用する場合、全般照明による照度は、局部照明による照度の15分の1以下になるようにする。

答9 必要換気量の算出式は、以下のものである。

$$\frac{\text{室内にいる人が 1 時間に呼出する } CO_2 \text{ 量（m}^3/h）}{\text{室内 } CO_2 \text{ 基準濃度（0.1\%）－外気の } CO_2 \text{ 濃度（0.03\%）}} \times 100$$

答10
(4)
必要換気量の算出式は、上記答 9 のものである。

問題文の二酸化炭素濃度が ppm という単位なので、分母の「室内 CO_2 基準濃度」は%にそろえて、1,000ppm ＝ 0.1%とする。

同じく分母の「外気の CO_2 濃度」も % にそろえて、300ppm ＝ 0.03%とする。

あとは算出式に当てはめて、12（人）× 0.018（m³/h）÷（0.1% － 0.03%）× 100 ≒ 309 となり、これに最も近い（4）が正解となる。

答11
✕
必要換気量の算出において、室内の二酸化炭素基準濃度は通常 0.1% を使用する。

答12
◯
本問の記述のとおりである。なお、吸気（外気）の成分中、酸素濃度は約 21%、二酸化炭素濃度は約 0.03 ～ 0.04%とされている。

答13
◯
全般照明による照度は、局部照明による照度の 10%（10 分の 1）以上が必要である。問題文の 5 分の 1（20%）程度なら問題はない。

答14
✕
全般照明による照度は、局部照明による照度の 10%（10 分の 1）以上が必要である。問題文の 15 分の 1 以下では足りない。

2章

労働衛生

2章 労働衛生

採光・照明、情報機器作業

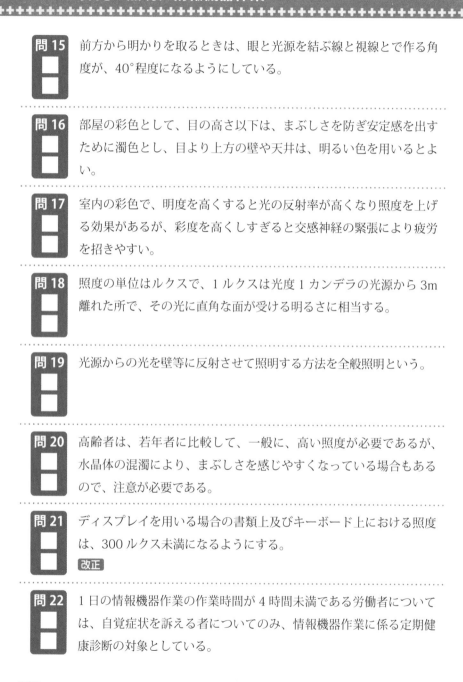

問15 前方から明かりを取るときは、眼と光源を結ぶ線と視線とで作る角度が、40°程度になるようにしている。

問16 部屋の彩色として、目の高さ以下は、まぶしさを防ぎ安定感を出すために濁色とし、目より上方の壁や天井は、明るい色を用いるとよい。

問17 室内の彩色で、明度を高くすると光の反射率が高くなり照度を上げる効果があるが、彩度を高くしすぎると交感神経の緊張により疲労を招きやすい。

問18 照度の単位はルクスで、1ルクスは光度1カンデラの光源から3m離れた所で、その光に直角な面が受ける明るさに相当する。

問19 光源からの光を壁等に反射させて照明する方法を全般照明という。

問20 高齢者は、若年者に比較して、一般に、高い照度が必要であるが、水晶体の混濁により、まぶしさを感じやすくなっている場合もあるので、注意が必要である。

問21 ディスプレイを用いる場合の書類上及びキーボード上における照度は、300ルクス未満になるようにする。
改正

問22 1日の情報機器作業の作業時間が4時間未満である労働者については、自覚症状を訴える者についてのみ、情報機器作業に係る定期健康診断の対象としている。

答15
○
前方から明かりを取るときは、眼と光源を結ぶ線と視線とで作る角度は **30°以上**になるようにする。問題文の 40°程度ならば **30°以上**となっているので**問題はない**。

答16
○
部屋の彩色については、目の高さ以下は**濁色**とし、目より上方の壁や天井は、**明るい色**がよい。

答17
○
明度とは物体面の明るさ、彩度は色の鮮やかさを意味する。室内では、明度を高くすると照度を上げる効果はあるが、彩度を高くしすぎると色がきつくなり、交感神経の緊張を招き、**疲労**を招きやすい。

答18
✕
ルクス（lx）は**明るさ（照度）**の単位である。1 ルクスは、1 カンデラ（cd）の光源から 1 m離れた所で、その光に直角な面が受ける明るさをいう。3m ではない。

答19
✕
光源からの光を天井や壁に反射させた光で作業面を照らす方法は、**間接照明**という。

答20
○
高齢者には一定の照度は必要であるが、高齢になると水晶体の混濁で光が**散乱**しやすくなり、まぶしさには**敏感**になるので注意が必要になる。

答21
✕
ディスプレイを用いる場合の書類上及びキーボード上の照度は、**300ルクス以上**になるようにする。問題文では「未満」となっているので**誤っている**。

答22
○
作業区分が「4 時間未満」の労働者については「**自覚症状を訴える者のみ**」が健康診断の対象とされるので**正しい**。なお、作業区分が4 時間以上の作業の場合、**すべての者**が対象となる。

2章　労働衛生

情報機器作業、食中毒・ウイルス

問 23

ディスプレイ画面までの視距離は 30cm 程度とし、画面の上端が、眼の高さよりやや上になるようにする。

問 24

情報機器作業については、一連続作業時間が 2 時間を超えないようにし、次の連続作業までの間に 5 〜 10 分程度の作業休止時間を設けるようにする。

問 25

情報機器作業における健康診断では、原則として、視力検査、上肢及び下肢の運動機能検査などを行う。

問 26

毒素型食中毒は、食品に付着した細菌が増殖する際に産生した毒素によって起こる食中毒で、腸炎ビブリオなどによるものがある。

問 27

感染型食中毒は、食品に付着した細菌そのものの感染によって起こる食中毒で、代表的なものとして黄色ブドウ球菌によるものがある。

問 28

サルモネラ菌による食中毒は、食品に付着した菌が食品中で増殖した際に生じる毒素により発症する。

問 29

ボツリヌス菌は、缶詰、真空パック食品など、酸素の少ない食品中で増殖し、毒性の強い神経毒を産生し、筋肉の麻痺症状を起こす。

問 30

ノロウイルスは、手指、食品などを介して経口で感染し、人の腸管内で増殖して、嘔吐、下痢、腹痛などの急性胃腸炎を起こすもので、夏季の集団食中毒の原因となることが多い。

答23 ディスプレイ画面までの視距離は 40 cm 程度を確保し、画面の上端が、眼の高さと同じか、やや下になるようにする。

 答24 一連続作業時間が 1 時間を超えないようにし、次の連続作業までに 10 〜 15 分の作業休止時間を設ける。また、一連続作業時間内に 1 〜 2 回程度の小休止を設ける。

 答25 情報機器作業における健康診断では、**自覚症状の有無の検査**を中心にして、必要があれば**眼科学的検査**（視力、調節機能等の検査）、上肢の運動機能を検査する筋骨格系の検査を行う。

 答26 毒素型食中毒は、食品に付着した細菌により**産生された毒素**により起こるので前半は**正しい**。しかし、腸炎ビブリオは感染型の細菌である。

 答27 感染型食中毒は、食品に付着している**細菌そのものの感染**によって起こるので前半は**正しい**。しかし、黄色ブドウ球菌は**毒素型の細菌**である。

 答28 サルモネラ菌は感染型の細菌である。112 ページの「完全試合ウェルカム！（感染型の**ウェルシュ菌**）サルもバク転、超演出！（**サルモネラ菌、カンピロバクター、腸炎ビブリオ**）」を思い出そう。

 答29 ボツリヌス菌の毒素はボツリヌストキシンといい、缶詰や真空パックの食品等、酸素の少ない食品中で増殖する。**神経毒を産生**するため、食べると神経症状を呈し、致死率が高い。

答30 ノロウイルスによる食中毒の発生時期は、**冬季**が多い。これは経験的に判断できるであろう。なお、それ以外の部分は正しい。

2章

労働衛生

食中毒・ウイルス、脳血管障害

問31 エンテロトキシンは、食中毒の原因となる自然毒の一つであるフグ毒の主成分である。

問32 O-157 は、腸管出血性大腸菌の一種で、加熱不足の食肉などから摂取され、潜伏期間は 3 ～ 5 日である。

問33 腸炎ビブリオは、病原性好塩菌ともいわれる。

問34 O-157 や O-111 は、ベロ毒素を産生する大腸菌で、腹痛や出血を伴う水様性の下痢などを起こす。

問35 脳血管障害は、脳の血管の病変が原因で生じ、出血性病変、虚血性病変などに分類される。

問36 虚血性の脳血管障害である脳梗塞は、脳血管自体の動脈硬化性病変による脳塞栓症と、心臓や動脈壁の血栓などが剥がれて脳血管を閉塞する脳血栓症に分類される。

問37 出血性の脳血管障害は、脳表面のくも膜下腔に出血するくも膜下出血、脳実質内に出血する脳出血などに分類される。

問38 くも膜下出血の症状は、「頭が割れるような」、「ハンマーでたたかれたような」などと表現される急激で激しい頭痛が特徴である。

答31 ✕　エンテロトキシンは**黄色ブドウ球菌**の毒素であり、熱に強く100℃30分の加熱でも毒素が壊れないとされている。嘔吐・腹痛・下痢を起こす。フグの毒素は**テトロドトキシン**である。

答32 ◯　**本問の記述のとおり**である。なお、潜伏期間については2〜10日とも言われるが、試験では「3〜5日」という問題文について**正しい選択肢**として出題されている。

答33 ◯　**本問の記述のとおり**である。113ページの「超エンブン好きな、マミーに弱い（腸炎ビブリオ、病原性好塩菌、**真水に弱い**）」というゴロ合わせも用いて覚えよう。

答34 ◯　**本問の記述のとおり**である。113ページの「オー！赤いベロを出す！（O-157、O-111は、**赤痢菌と類似のベロ毒素**）」というゴロ合わせも用いて覚えよう。

答35 ◯　**本問の記述のとおり**である。脳血管障害の大きな分類としては、**出血性病変**、**虚血性病変**に分類される。

答36 ✕　虚血性病変である脳梗塞は、**脳血栓症**と**脳塞栓症**に分類できるが、心臓や動脈壁の血栓などが剥がれて脳血管を閉塞するのは、**脳塞栓症**である。本問の説明は**逆**である。

答37 ◯　**本問の記述のとおり**である。出血性病変である脳血管障害は、どの部分で出血するかによって、脳出血とくも膜下出血に分類される。

答38 ◯　**本問の記述のとおり**である。脳表面への出血により、突然経験したことのないような**激しい頭痛**などが起こるとされる。

2章 労働衛生

虚血性心疾患

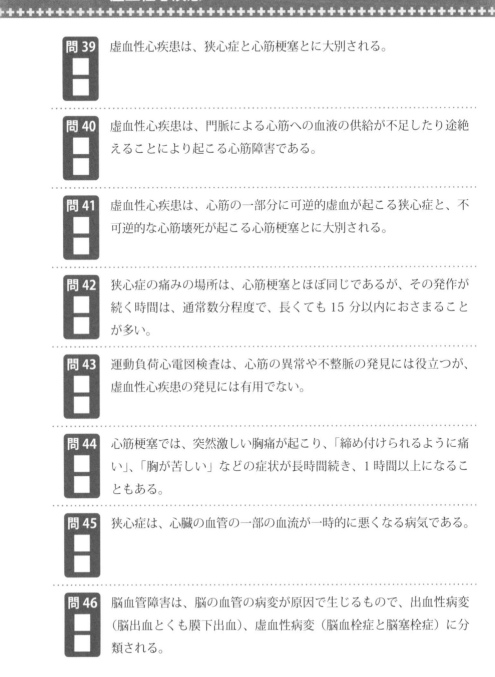

問 39　虚血性心疾患は、狭心症と心筋梗塞とに大別される。

問 40　虚血性心疾患は、門脈による心筋への血液の供給が不足したり途絶えることにより起こる心筋障害である。

問 41　虚血性心疾患は、心筋の一部分に可逆的虚血が起こる狭心症と、不可逆的な心筋壊死が起こる心筋梗塞とに大別される。

問 42　狭心症の痛みの場所は、心筋梗塞とほぼ同じであるが、その発作が続く時間は、通常数分程度で、長くても 15 分以内におさまることが多い。

問 43　運動負荷心電図検査は、心筋の異常や不整脈の発見には役立つが、虚血性心疾患の発見には有用でない。

問 44　心筋梗塞では、突然激しい胸痛が起こり、「締め付けられるように痛い」、「胸が苦しい」などの症状が長時間続き、1 時間以上になることもある。

問 45　狭心症は、心臓の血管の一部の血流が一時的に悪くなる病気である。

問 46　脳血管障害は、脳の血管の病変が原因で生じるもので、出血性病変（脳出血とくも膜下出血）、虚血性病変（脳血栓症と脳塞栓症）に分類される。

答39
〇

本問の記述のとおりである。心疾患の分類は覚えにくいかもしれないが、122ページの「新規の巨神（**心筋梗塞、狭心症**）　今日ケツを出す（**虚血性心疾患**）」というゴロ合わせも用いて覚えよう。

答40
✕

虚血性心疾患の基本的な原因は、門脈ではなく、**冠動脈**による血液の供給不足による。門脈は、**小腸から肝臓**につながる血管のことである。

答41
〇

本問の記述のとおりである。可逆的とは、元に戻ることができることを意味する。心筋梗塞では**心筋壊死**が起こるため、発症すると元通りにはならない。

答42
〇

狭心症は、血管の目詰まり状態がまだ**低いため**胸痛等で治まっている状態である。安静にすると血液の流れが回復し、痛みも消えて、症状は数分程度、長くても**15分**程度で治まることが多い。

答43
✕

運動負荷心電図検査は、**狭心症や不整脈**診断の評価に用いられる。**虚血性心疾患の1つである狭心症**の評価に用いられており、虚血性心疾患の発見に**有用である**。

答44
〇

本問の記述のとおりである。心筋梗塞では、前胸部が締め付けられるような激しい痛みが1時間以上も続くこともあり、**不可逆的な心筋壊死**が起こる。

答45
〇

本問の記述のとおりである。狭心症は、心筋の虚血異常で血流が一時的に悪くなる。前胸部の痛みなどが**数分〜十数分**持続するが、安静により改善する病気である。

答46
〇

本問の記述のとおりである。本問は過去問題ではないが、最後に脳血管障害と虚血性心疾患の分類の確認のために出題した。よく出題されるので正確に押さえておこう。

2章

労働衛生

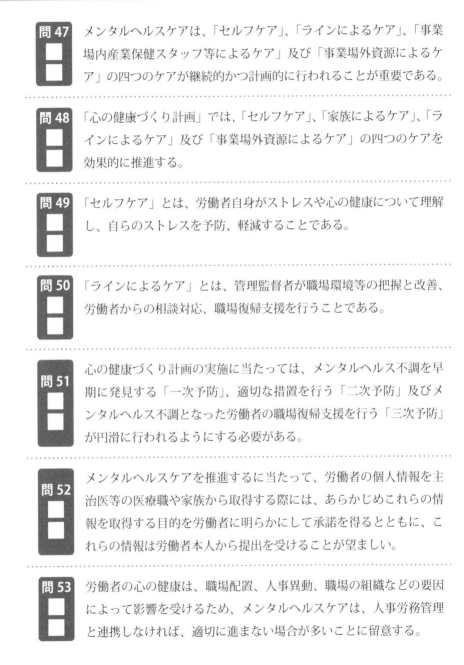

問 47 メンタルヘルスケアは、「セルフケア」、「ラインによるケア」、「事業場内産業保健スタッフ等によるケア」及び「事業場外資源によるケア」の四つのケアが継続的かつ計画的に行われることが重要である。

問 48 「心の健康づくり計画」では、「セルフケア」、「家族によるケア」、「ラインによるケア」及び「事業場外資源によるケア」の四つのケアを効果的に推進する。

問 49 「セルフケア」とは、労働者自身がストレスや心の健康について理解し、自らのストレスを予防、軽減することである。

問 50 「ラインによるケア」とは、管理監督者が職場環境等の把握と改善、労働者からの相談対応、職場復帰支援を行うことである。

問 51 心の健康づくり計画の実施に当たっては、メンタルヘルス不調を早期に発見する「一次予防」、適切な措置を行う「二次予防」及びメンタルヘルス不調となった労働者の職場復帰支援を行う「三次予防」が円滑に行われるようにする必要がある。

問 52 メンタルヘルスケアを推進するに当たって、労働者の個人情報を主治医等の医療職や家族から取得する際には、あらかじめこれらの情報を取得する目的を労働者に明らかにして承諾を得るとともに、これらの情報は労働者本人から提出を受けることが望ましい。

問 53 労働者の心の健康は、職場配置、人事異動、職場の組織などの要因によって影響を受けるため、メンタルヘルスケアは、人事労務管理と連携しなければ、適切に進まない場合が多いことに留意する。

答 47
〇

本問の記述のとおりである。4つのメンタルヘルスケアについては頻出なので、それぞれの大まかな内容とともにしっかりと押さえておくこと。

答 48
✕

4つのメンタルヘルスケアの中に「家族によるケア」は含まれていない。なお、「会社の同僚によるケア」も含まれていない。「**事業場内産業保健スタッフ**等によるケア」と混同しないようにする。

答 49
〇

本問の記述のとおりである。この内容もよく出題されるので押さえておくこと。

答 50
〇

本問の記述のとおりである。「ラインによるケア」については、会社の同僚ではなく「**管理監督者**」が行うものである点を意識しておこう。

答 51
✕

労働者のメンタルヘルス不調への取り組み方としては、一次予防として**未然の防止**、二次予防として**早期発見**、**適切な措置**、三次予防として、**職場復帰の支援**等がある。早期発見が一次予防とされている点で誤っている。

答 52
〇

健康情報を主治医等や家族から取得したり、医療機関等の第三者へ提供したりする際は、労働者の個人情報を保護すべく、原則として、**労働者の同意**が必要である。そして、これらの情報は、**本人から提出**を受けることが望ましい。

答 53
〇

職場のストレスに関しては、事業場の**人事労務管理**との連携が重要とされている。職場におけるストレス等は、労働者本人やその家族の努力だけで必ずしも改善できるものではないためである。

2章

労働衛生

209

3章 労働生理

神経系

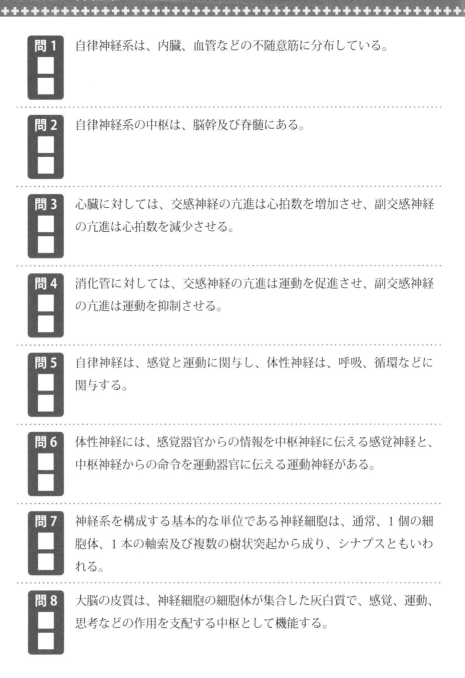

問1 自律神経系は、内臓、血管などの不随意筋に分布している。

問2 自律神経系の中枢は、脳幹及び脊髄にある。

問3 心臓に対しては、交感神経の亢進は心拍数を増加させ、副交感神経の亢進は心拍数を減少させる。

問4 消化管に対しては、交感神経の亢進は運動を促進させ、副交感神経の亢進は運動を抑制させる。

問5 自律神経は、感覚と運動に関与し、体性神経は、呼吸、循環などに関与する。

問6 体性神経には、感覚器官からの情報を中枢神経に伝える感覚神経と、中枢神経からの命令を運動器官に伝える運動神経がある。

問7 神経系を構成する基本的な単位である神経細胞は、通常、1個の細胞体、1本の軸索及び複数の樹状突起から成り、シナプスともいわれる。

問8 大脳の皮質は、神経細胞の細胞体が集合した灰白質で、感覚、運動、思考などの作用を支配する中枢として機能する。

答1
○
自律神経は、内臓・血管等の不随意筋に分布している。ちなみに、不随意筋とは自分の意思で動かすことができないものであり、心臓を拍動させる心筋などが代表例である。

答2
○
上の答1のとおり、自律神経は内臓・血管等の不随意筋に分布しているが、自律神経の「中枢」は脳幹及び脊髄にある。自律神経自体とその「中枢」で区別しておくこと。

答3
○
本問の記述のとおりである。135ページの「効果てきめん活動的！（交感神経、活動モード）初夏だけ大人しい（消化管の働きを抑制）」というゴロ合わせで覚えておこう。

答4
✗
上の答3のゴロ合わせを見ればわかるとおり、交感神経の亢進は、消化管に対しては運動を抑制する。なお、「亢進」とは活発な状態になることと考えればよい。

答5
✗
感覚と運動に関与する神経は体性神経である。自律神経は、呼吸や循環などに関与するものなので、説明が逆になっている。

答6
○
上の答5で述べたように、体性神経は、感覚と運動に関与する。外部からの情報（興奮）を中枢に伝達する感覚神経と、中枢に起きた興奮を体の末梢部に命令（伝達）する運動神経に分類される。

答7
✗
本問はニューロンに関する内容である。シナプスは、ニューロンとニューロンをつなぐ接合部であり、神経興奮を伝達する場所のことである。

答8
○
大脳の外側の皮質は、神経細胞の細胞体が集まっている灰白質であり、本問の記述は正しい。なお、内側の髄質は、白質であることも押さえておくこと。

3章 労働生理

211

+++

問9 □ □ 　糸球体では、血液中の血球及び蛋白質以外の成分がボウマン嚢に濾し出され、原尿が生成される。

問10 □ □ 　血中の老廃物は、尿細管からボウマン嚢に濾し出される。

問11 □ □ 　血中の蛋白質は、糸球体からボウマン嚢に濾し出される。

問12 □ □ 　尿細管では、原尿に含まれる大部分の水分、電解質、栄養分などが血液中に再吸収される。

問13 □ □ 　原尿のうち尿細管で再吸収されなかった成分が尿となり、腎盂を経て膀胱に送られ排泄される。

問14 □ □ 　原尿中に濾し出された水分の大部分は、そのまま尿として排出される。

問15 □ □ 　尿の生成・排出により、体内の水分の量やナトリウムなどの電解質の濃度を調節するとともに、生命活動によって生じた不要な物質を排出する。

問16 □ □ 　尿の約95％は水分で、約5％が固形物であり、その成分は全身の健康状態をよく反映するので、尿検査は健康診断などで広く行われている。

答9
○

ネフロンの一部であり、毛細血管が密集している糸球体では、血液中の**血球及び蛋白質以外**の成分が、同じくネフロンの一部であるボウマン嚢へと濾し出されて、**原尿**が生成される。

答10
✕

血中の老廃物は、**糸球体**から濾し出されて、ボウマン嚢へと移る。なお、これら糸球体やボウマン嚢のイメージ図については、139ページを参照してほしい。

答11
✕

答9で述べたように、糸球体では、血液中の**血球及び蛋白質以外**の成分がボウマン嚢へと濾し出される。糸球体において、基本的に蛋白質は**濾し出されない**。

答12
○

本問の記述のとおりである。 糸球体とボウマン嚢でつくられた原尿は、その後、尿細管へと移る。そして、尿細管では水や電解質などの**大部分**の成分が**再吸収**される。

答13
○

本問の記述のとおりである。 なお、尿の成分は約**95%**が水であり、固形成分は残りの約**5%**である。固形成分の内容は窒素性老廃物（尿素）や電解質（カリウム、ナトリウム、リンなど）等となっている。

答14
✕

答12で述べたように、原尿については、尿細管において**大部分**の成分が**再吸収**される。原尿中の水分がそのまま尿として排出される**わけではない。**

答15
○

本問の記述のとおりである。 常識的に判断できる内容かと思うが、よく出る選択肢なので、確認しておくこと。

答16
○

答13でも述べたように、本問の記述は**正しい**。なお、血液中の尿素窒素の値が高い場合、腎臓機能の低下が考えられ、尿蛋白の増加は、慢性腎炎や糸球体障害のネフローゼ症候群などの病気が疑われる。

3章

労働生理

3章　労働生理

心臓（血液の循環）

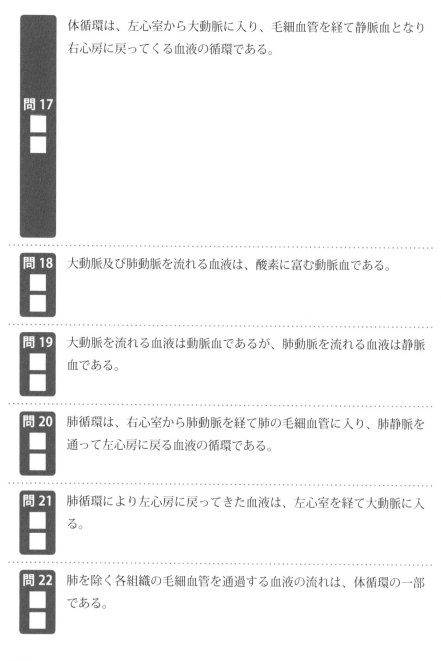

問17

体循環は、左心室から大動脈に入り、毛細血管を経て静脈血となり右心房に戻ってくる血液の循環である。

問18

大動脈及び肺動脈を流れる血液は、酸素に富む動脈血である。

問19

大動脈を流れる血液は動脈血であるが、肺動脈を流れる血液は静脈血である。

問20

肺循環は、右心室から肺動脈を経て肺の毛細血管に入り、肺静脈を通って左心房に戻る血液の循環である。

問21

肺循環により左心房に戻ってきた血液は、左心室を経て大動脈に入る。

問22

肺を除く各組織の毛細血管を通過する血液の流れは、体循環の一部である。

血液の循環に関する問題は、144ページの簡略図を書いたうえで落ち着いて対応すれば正解できる。

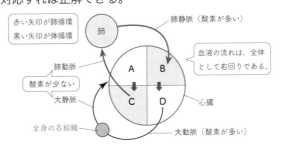

赤い矢印が肺循環
黒い矢印が体循環

肺静脈（酸素が多い）

肺

血液の流れは、全体として右回りである。

肺動脈

酸素が少ない

大静脈

全身の各組織

A　B

C　D

心臓

大動脈（酸素が多い）

答17　○

この簡略図を前提にすれば、体循環はD（左心室）→全身の各組織→A（右心房）と血液が流れる循環であり、本問は正しい。

答18　×

肺から戻ってきて間もない大動脈の血液中は酸素が多い動脈血が流れる。しかし、全身の各組織を経由して心臓に戻り、肺に向かって出ていく肺動脈は、酸素が少ない静脈血が流れる。

答19　○

上の答18で述べたように、大動脈の血液中は酸素が多い動脈血だが、全身の各組織を経由して心臓に戻り、肺に向かって出ていく肺動脈は、酸素が少ない静脈血である。

答20　○

上の答17の簡略図を見ればわかるとおり、本問は正しい。

答21　○

上の答17の簡略図を見ればわかるとおり、本問は正しい。

答22　○

肺を除く、全身の各組織を通過する血液の循環は体循環である。

3章　労働生理

215

3章　労働生理

心臓の動き、呼吸

問23 心臓の中にある洞結節（洞房結節）で発生した刺激が、刺激伝導系を介して心筋に伝わることにより、心臓は規則正しく収縮と拡張を繰り返す。

問24 心臓の拍動は、自律神経の支配を受けている。

問25 心筋は人間の意思によって動かすことができない不随意筋であるが、随意筋である骨格筋と同じ横紋筋に分類される。

問26 動脈硬化とは、コレステロールの蓄積などにより、動脈壁が肥厚・硬化して弾力性を失った状態であり、進行すると血管の狭窄や閉塞を招き、臓器への酸素や栄養分の供給が妨げられる。

問27 胸郭内容積が増し、内圧が低くなるにつれ、鼻腔、気管などの気道を経て肺内へ流れ込む空気が吸気である。

問28 呼吸運動は、気管と胸膜の協調運動によって、胸郭内容積を周期的に増減させて行われる。

問29 肺胞内の空気と肺胞を取り巻く毛細血管中の血液との間で行われるガス交換を外呼吸という。

問30 全身の毛細血管中の血液が各組織細胞に酸素を渡して二酸化炭素を受け取るガス交換を内呼吸又は組織呼吸という。

答23 ○　心臓の拍動（収縮・拡張）は、**洞（房）結節**で発生した電気刺激が、刺激伝導系を介して伝わることで、規則正しく行われる。

答24 ○　心臓の拍動は、**自律神経**が支配している。運動時や興奮時に交感神経が心筋に作用し、心拍数等を**増加**させるといったことが行われている。

答25 ○　心筋は自らの意思で動かすことが**できない不随意筋**であるが、随意筋である**骨格筋**と同じ、**横紋筋**に分類される。横紋筋であるか否かは筋肉の見た目に基づく分類である。

答26 ○　**本問の記述のとおり**である。狭窄とは、すぼまって狭くなることを意味するが、血管壁内にコレステロールが蓄積すると、それだけ血液の通り道が狭くなる。

答27 ○　**本問の記述のとおり**である。文章で読むとわかりづらい場合は、153ページの図も見ながら記憶を強化しておくこと。

答28 ×　呼吸運動は、呼吸筋である**肋間筋**と**横隔膜**の協調運動により、**胸郭内容積**を周期的に増減して、肺を伸縮させることで行われる。気管と胸膜の協調運動で**はない**。

答29 ○　本問は外呼吸に関する問題である。外呼吸のポイントは「**肺胞**」と血液の間で行われる点であり、本問は**正しい**。

答30 ○　本問は内呼吸に関する問題である。内呼吸のポイントは「**各組織細胞**」と血液の間で行われる点であり、本問は**正しい**。なお、内呼吸は組織呼吸ともいわれる。

3章
労働生理

3章　労働生理

呼吸、感覚器官

+++

問31 呼吸に関与する筋肉は、間脳の視床下部にある呼吸中枢によって支配されている。

問32 血液中に二酸化炭素が増加してくると、呼吸中枢が抑制されて呼吸は浅くなり、回数が減少する。

問33 成人の呼吸数は、通常、1分間に16 〜 20回であるが、食事、入浴及び発熱によって減少する。

問34 身体活動時には、血液中の窒素分圧の上昇により呼吸中枢が刺激され、1回換気量及び呼吸数が増加する。

問35 網膜には、明るい所で働き色を感じる錐状体と、暗い所で働き弱い光を感じる杆状体の2種類の視細胞がある。

問36 眼軸が短すぎるために、平行光線が網膜の後方で像を結ぶ状態は近視である。

問37 角膜が歪んでいたり、表面に凹凸があるために、眼軸などに異常がなくても、物体の像が網膜上に正しく結ばないものを乱視という。

問38 眼は、硝子体の厚さを変えることにより焦点距離を調節して網膜の上に像を結ぶようにしている。

答31

呼吸中枢は延髄の網様体という場所にある。つまり、呼吸に関与する筋肉は、延髄の網様体にある呼吸中枢によって支配されており、視床下部ではない。

答32

血液中の二酸化炭素が増えると、呼吸中枢が刺激されて呼吸は深く、呼吸の回数は増えることになる。

答33

成人の呼吸数は 1 分間に 16 ～ 20 回であり、食事、入浴及び発熱によって増加する。

答34

身体の活動時には、血液中の二酸化炭素分圧の上昇により、呼吸中枢が刺激されて、1 回換気量と呼吸数が増加する。上昇するのは窒素分圧ではない。

答35

本問の記述のとおりである。160 ページの「いよ～！　明るい水蒸気！（色と明るい光を感じる錐状体）暗く弱い声で『お勘定…』（明暗と暗い所で弱い光を感じる杆状体）」というゴロ合わせで覚えよう。

答36

眼軸が長すぎて、平行光線が網膜の前方で像を結んでしまう状態が近視である。本問は遠視の説明であり、誤っている。

答37
乱視は、角膜の凹凸や歪み等によって、網膜上に正しく像が結ばれない状態をいうので、正しい。

答38
焦点距離を調整するのは水晶体であり、硝子体としている点で誤っている。少し難しい問題かもしれないが、本問は頻出パターンなので、押さえておこう。

3章 労働生理

感覚器官、血液

+++

問 39 内耳は、前庭、半規管及び蝸牛の三つの部位からなり、前庭と半規管が平衡感覚、蝸牛が聴覚を分担している。

問 40 平衡感覚に関係する器官である前庭及び半規管は、中耳にあって、体の傾きや回転の方向を知覚する。

問 41 耳介で集められた音は、鼓膜を振動させ、その振動は耳小骨によって増幅され、内耳に伝えられる。

問 42 鼓室は、耳管によって咽頭に通じており、その内圧は外気圧と等しく保たれている。

問 43 嗅覚は、わずかな匂いでも感じるほど鋭敏で、同じ臭気に対しても疲労しにくい。

問 44 皮膚感覚には、触圧覚、痛覚、温度感覚（温覚・冷覚）などがあり、これらのうち冷覚を感じる冷覚点の密度は他の感覚点に比べて高い。

問 45 赤血球は、骨髄で産生され、寿命は約 120 日であり、血球の中で最も割合が多い。

問 46 赤血球中のヘモグロビンは、酸素を運搬する。

答39 ◯ 本問の記述のとおりである。内耳のうち「前庭」と「半規管」だけが平衡感覚をつかさどる器官であり、その他は聴覚に関する器官となっている。

答40 ✕ 上の答39で述べたように、平衡感覚をつかさどる「前庭」と「半規管」は内耳にある。中耳ではない。

答41 ◯ 「外耳」にある耳介で音は集められ、外耳の外耳道で増幅され、「中耳」に伝えられる。そして、中耳の鼓膜は音により振動し、耳小骨で鼓膜の振動は増幅され、内耳へと伝えられる。

答42 ◯ 本問の記述のとおりである。なお、鼓室も中耳に存在する器官である。

答43 ✕ 嗅覚は、同じ匂いに疲労しやすいので誤っている。なお、「味覚」は苦さに敏感であり、加齢により鈍くなる。

答44 ✕ 確かに、「温度」感覚については、温覚より冷覚が鋭敏だが、触圧覚、痛覚、温度感覚（温覚・冷覚）のうち、密度が高いのは、痛みを感じる痛覚点である。

答45 ◯ 赤血球は骨髄で産生され、寿命は約120日、血球の中で最も割合が多い。なお、白血球の寿命は3〜4日である点も押さえておこう。

答46 ◯ 赤血球中のヘモグロビンという成分が酸素を運搬する作用がある。なお、このヘモグロビンは鉄分を含んでいる。

3章 労働生理

3章　労働生理

血液

╋╋

問47 血液中に占める白血球の容積の割合をヘマトクリットといい、感染や炎症があると増加する。

問48 血液の容積に対する血小板の相対的容積をヘマトクリットという。

問49 赤血球は、損傷部位から血管外に出ると、血液凝固を促進させる物質を放出する。

問50 白血球の一種であるリンパ球には、細菌や異物を認識し攻撃するBリンパ球と抗体を産生するTリンパ球などがあり、免疫反応に関与している。

問51 好中球は、白血球の約60％を占め、偽足を出してアメーバ様運動を行い、体内に侵入してきた細菌などを貪食する。

問52 血漿中の蛋白質のうち、グロブリンは血液浸透圧の維持に関与し、アルブミンは免疫物質の抗体を含む。

問53 血液は、血漿と有形成分から成り、血液の容積の55％程度を占める血漿中には、アルブミン、グロブリンなどの蛋白質が含まれている。

問54 血液の凝固は、血漿中のフィブリノーゲン（線維素原）がフィブリン（線維素）に変化する現象である。

答47
×

ヘマトクリットとは、血液中に占める赤血球の容積の割合である。本問は「白血球」の容積の割合としている点で、誤っている。ヘマトクリットについては、このようなヒッカケ問題に注意すること。

答48
×

上の答47で述べたように、ヘマトクリットは、血液中に占める赤血球の容積の割合である。本問は「血小板」の容積の割合としている点で、誤っている。

答49
×

損傷部位から血管外に出ると、止血作用として血栓（血液の固まり）をつくるのは血小板である。この血液を凝固させる物質には、血漿のフィブリノーゲンがある。

答50
×

白血球は免疫反応に関与し、細菌や異物を認識し攻撃するTリンパ球と、抗体を産生するBリンパ球などがある。本問は説明が逆になっている。

答51
○

本問の記述のとおりである。白血球中の好中球は、白血球の約60%を占め、偽足を出してアメーバのような運動を行い、細菌などを貪食する。

答52
×

血漿中の蛋白質のうち、アルブミンは血液の浸透圧の維持に関与し、グロブリンは、免疫機能に関与している。本問は説明が逆になっている。

答53
○

本問の記述のとおりである。血液は、血漿と有形成分から成っており、血漿は血液の容積の約55%程度を占める。また、血漿中には、アルブミン、グロブリンなどの蛋白質が含まれている。

答54
○

本問の記述のとおりである。なお、「凝集」は、赤血球にある「凝集原」と、他人の血清中の「凝集素」が反応を起こして、赤血球が寄り集まる現象をいう。本問の「凝固」と区別しておくこと。

3章

労働生理

本書に関する正誤等の最新情報は、下記のアドレスでご確認ください。
http://www.s-henshu.info/2ekpk2312/

上記掲載以外の箇所で正誤についてお気づきの場合は、**書名・発行日・質問事項（該当ページ・行数・問題番号**などと**誤りだと思う理由）・氏名・連絡先**を明記のうえ、お問い合わせください。
・web からのお問い合わせ：上記アドレス内【正誤情報】へ
・郵便または FAX でのお問い合わせ：下記住所または FAX 番号へ
※電話でのお問い合わせはお受けできません。

[宛先] コンデックス情報研究所
　　『スピード合格！第2種衛生管理者パターン別攻略法 '24年版』係
住　所：〒 359-0042　所沢市並木 3-1-9
FAX 番号：04-2995-4362（10:00 〜 17:00　土日祝日を除く）

※**本書の正誤以外に関するご質問にはお答えいたしかねます。**また、受験指導などは行っておりません。
※ご質問の受付期限は、**2025 年 1 月までの各試験日の 10 日前必着**といたします。
※回答日時の指定はできません。また、ご質問の内容によっては回答まで 10 日前後お時間をいただく場合があります。
あらかじめご了承ください。

イラスト：ひらのんさ
■編著：コンデックス情報研究所
1990 年 6 月設立。法律・福祉・技術・教育分野において、書籍の企画・執筆・編集、大学および通信教育機関との共同教材開発を行っている研究者・実務家・編集者のグループ。

スピード合格! 第2種衛生管理者パターン別攻略法 '24年版

2024年 2 月20日発行

編　著　コンデックス情報研究所

発行者　深見公子

発行所　成美堂出版
　　　　〒162-8445　東京都新宿区新小川町1-7
　　　　電話(03)5206-8151　FAX(03)5206-8159

印　刷　広研印刷株式会社

©SEIBIDO SHUPPAN 2024　PRINTED IN JAPAN
ISBN978-4-415-23799-2